资助单位：
　　南京大学长江三角洲经济社会发展研究中心
　　中国特色社会主义经济建设协同创新中心
　　江苏高校协同创新中心（区域经济转型与管理变革）

南京大学长江三角洲经济社会发展研究中心年度自选项目
（项目批准号：2020-NDCSJ-02-02）

Data Report on Economic and Social Development
in the Yangtze River Delta
Industry

长江三角洲经济社会发展数据报告

工业

魏守华 从海燕／编著

科学出版社

北　京

内 容 简 介

经济增长是在一定的要素约束下进行的，社会主义的积累是经济持续增长的内生动力。本报告依托长江三角洲经济社会发展数据库，从空间和时间两个维度，审视长江三角洲核心区 16 个城市 2000～2017 年规模以上工业企业的数据，分别从大中型工业企业、国有工业企业、集体工业企业、私营工业企业、外商和港澳台商投资工业企业、细分产业等方面客观地展现近 20 年来长江三角洲的变化。

本报告对各类经济主体的决策判断、职能部门的政策制定、经济运行学术研究，能够起到积极的作用。

图书在版编目（CIP）数据

长江三角洲经济社会发展数据报告. 工业/魏守华, 从海燕编著. —北京：科学出版社, 2021.3
ISBN 978-7-03-068431-8

Ⅰ. ①长… Ⅱ. ①魏… ②从… Ⅲ. ①长江三角洲-区域经济发展-研究报告 ②长江三角洲-社会发展-研究报告 ③长江三角洲-工业发展-研究报告 Ⅳ. ①F127.5

中国版本图书馆 CIP 数据核字（2021）第 049051 号

责任编辑：杨婵娟 / 责任校对：韩 杨
责任印制：徐晓晨 / 封面设计：有道文化

科 学 出 版 社 出版
北京东黄城根北街 16 号
邮政编码：100717
http://www.sciencep.com

北京建宏印刷有限公司 印刷
科学出版社发行 各地新华书店经销
*
2021 年 3 月第 一 版　开本：720×1000　B5
2021 年 3 月第一次印刷　印张：13 1/2
字数：272 000
定价：85.00 元
（如有印装质量问题，我社负责调换）

《长江三角洲经济社会发展数据报告》（系列）
编委会

主　任　洪银兴
副主任　范从来　姜　宁（执行）　黄繁华
成　员（按姓氏拼音排序）
　　　　　安同良　陈　敏　范从来　葛　扬
　　　　　洪银兴　黄繁华　姜　宁　李晓春
　　　　　刘志彪　曲兆鹏　沈坤荣　王思彤
　　　　　赵　华　郑江淮

前　　言

　　自明清以来，长江三角洲地区（以下简称长三角）一直是我国经济核心区之一。其中，长三角工业（制造业）以雄厚的工业基础、齐全的产业链和会聚的各类人才，在全国具有举足轻重的地位，并引领着中国制造业的发展。

　　从经济区的角度，长三角所辖范围和地理面积不断扩大。1997年，上海市、无锡市、宁波市、舟山市、苏州市、扬州市、杭州市、绍兴市、南京市、南通市、常州市、湖州市、嘉兴市、镇江市和泰州市15个城市通过平等协商的方式，自发成立了长三角城市经济协调会。2003年，台州市被纳入，成为正式成员，这也就是通常所述的狭义长三角，即长三角16个核心城市。2010年增加了合肥市、盐城市、马鞍山市、金华市、淮安市、衢州市6个城市，2013年又正式吸收徐州市、芜湖市、滁州市、淮南市、丽水市、温州市、宿迁市、连云港市8个城市，从而会员城市扩容至30个，包括上海市，江苏省、浙江省全境以及安徽省的5个地级市。这也就是通常所说的广义长三角。

　　本报告继《长江三角洲经济社会发展数据报告·综合》之后，依托长江三角洲经济社会发展数据库[①]，从长三角核心区的空间维度（16个城市）和时间维度（2000~2017年）展开，从工业的整体发展态势、不同类型企业、细分行业等视角出发，通过关键指标在总量、增速、比值等方面的变化反映长三角核心区16个城市的工业经济变迁和发展特征，有助于提高各类决策者分析判断的有效性和准确性。本报告针对统计年鉴的不足，进行了更加系统化、专业化的编排，呈现出区域间的经济关联，以及近20年时间跨度上的要素变迁。既从空间维度上展示了长三角核心区城市的区域关联，也从时间跨度上反映了经济要素的消长变化。本报告对于从事工业经济的主体进行决

[①] 数据库由南京大学长江三角洲经济社会发展研究中心与上海市、江苏省、浙江省的统计部门深入沟通，广泛搜集相关数据形成，其基础数据来源为统计部门数据，部分年份部分城市数据缺失，但不影响整体分析。

策判断，相关职能部门进行政策制定，以及相关专业研究报告的数据参照对比等，具有重要的辅助作用。

本报告的出版得益于南京大学硕士研究生方聪波、吴海峰在数据处理上的帮助，得益于南京大学长江三角洲经济社会发展研究中心侯炜源老师和潘丽老师的诸多支持。另外，感谢科学出版社的鼎力支持及责任编辑杨婵娟女士。

《长江三角洲经济社会发展数据报告》编委会

2020 年 10 月

目　　录

前言

1 规模以上工业企业 ··· 1
　　1.1　企业数 ·· 2
　　1.2　产值 ·· 8
　　1.3　主营业务收入 ··· 14
　　1.4　利润 ··· 21
　　1.5　年平均就业人数 ··· 27
　　1.6　发电量 ··· 33

2 大中型工业企业 ··· 39
　　2.1　企业数 ··· 40
　　2.2　主营业务收入 ··· 47
　　2.3　利润 ··· 55
　　2.4　年平均就业人数 ··· 61

3 国有工业企业 ··· 69
　　3.1　企业数 ··· 70
　　3.2　主营业务收入 ··· 76

3.3　利润 ··· 83
　　3.4　年平均就业人数 ··· 90

4　集体工业企业 ·· 97
　　4.1　企业数 ·· 98
　　4.2　主营业务收入 ··· 104
　　4.3　利润 ·· 111
　　4.4　年平均就业人数 ··· 118

5　私营工业企业 ·· 125
　　5.1　企业数 ·· 126
　　5.2　主营业务收入 ··· 133
　　5.3　利润 ··· 140
　　5.4　年平均就业人数 ·· 146

6　外商和港澳台商投资工业企业 ······································ 153
　　6.1　企业数 ·· 154
　　6.2　主营业务收入 ··· 161
　　6.3　利润 ··· 168
　　6.4　年平均就业人数 ·· 175

7　细分产业 ·· 183
　　7.1　基本情况 ··· 185
　　7.2　高技术产业 ·· 186
　　7.3　中技术产业 ·· 192
　　7.4　低技术产业 ·· 200

1 规模以上工业企业

我国规模以上工业企业[①]的统计范围：1998～2006 年为全部国有和年主营业务收入 500 万元及以上的非国有工业法人单位；2007～2010 年为年主营业务收入 500 万元及以上的工业法人单位；从 2011 年开始，为年主营业务收入 2000 万元及以上的工业法人单位。

1.1 企 业 数

1.1.1 从总量看态势

2017 年长三角核心区 16 个城市工业企业数为 72 719 个，如表 1-1 所示。其中，苏州市为 9840 个，占比为 13.53%，在 16 个城市中位列第一。舟山市为 351 个，占比仅为 0.48%，列倒数第一，也是 16 个城市中唯一的工业企业数在 1000 个以下的城市。占比在 10% 以上的城市仅苏州市、上海市、宁波市。工业企业数在 5000 个以上的有苏州市、上海市、宁波市、杭州市、嘉兴市、无锡市、南通市 7 个城市。江苏地区苏州市、无锡市和南通市分别位列前三。浙江地区宁波市最高，为 7570 个，占比为 10.41%，杭州市和嘉兴市分别位列第二和第三。

表 1-1 2017 年长三角核心区 16 个城市工业企业数及占比

城市		企业数（个）	占比（%）
上海市		8 122	11.17
江苏地区	南京市	2 348	3.23
	无锡市	5 258	7.23
	常州市	4 240	5.83
	苏州市	9 840	13.53
	南通市	5 131	7.06
	扬州市	2 693	3.70
	镇江市	2 046	2.81
	泰州市	2 992	4.11

① 以下文中若无特别标注，企业均指规模以上工业企业。

续表

城市		企业数（个）	占比（%）
浙江地区	杭州市	5 533	7.61
	宁波市	7 570	10.41
	嘉兴市	5 396	7.42
	湖州市	2 945	4.05
	绍兴市	4 494	6.18
	舟山市	351	0.48
	台州市	3 760	5.17
合计		72 719	100.00

长三角核心区 16 个城市工业企业数总体上呈现先增长后下降态势，如图 1-1 所示。2017 年苏州市、上海市、宁波市、杭州市、嘉兴市、无锡市列前六位。

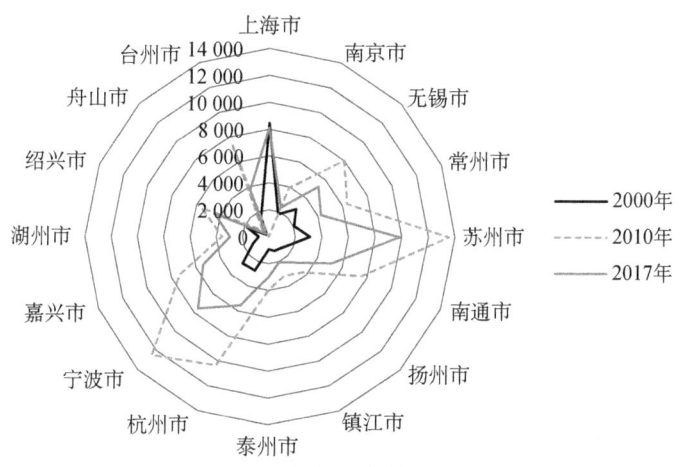

图 1-1　2000 年、2010 年、2017 年长三角核心区 16 个城市工业企业数情况
图中数字表示工业企业数，单位为个

2017 年，长三角核心区 16 个城市平均工业企业数为 4544.94 个。其中苏州市、上海市、宁波市、杭州市、嘉兴市、无锡市、南通市 7 个城市位于平均水平之上，这 7 个城市工业企业数为 46 850 个，占长三角核心区 16 个城市的 64.43%，如图 1-2 所示。

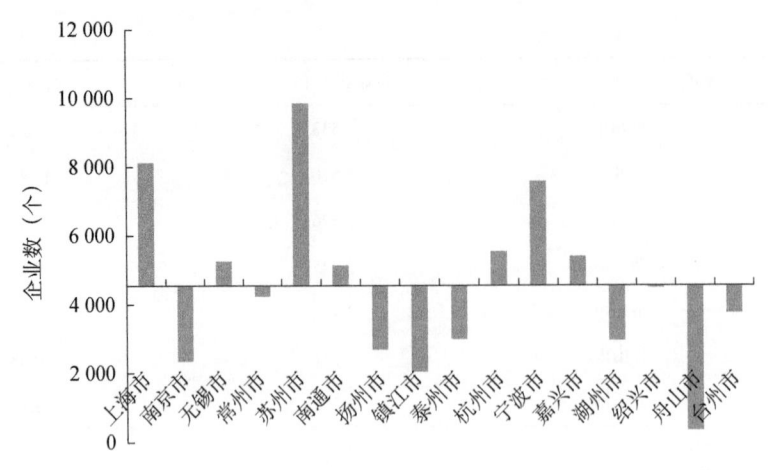

图 1-2　2017 年长三角核心区 16 个城市工业企业数与平均值比较

1.1.2　从增速看发展

2000～2017 年,长三角核心区 16 个城市工业企业数保持较快增长态势,由 34 362 个增长到 72 719 个,增长了 1.12 倍,年均增长率为 4.51%,如表 1-2 所示。分地区来看,浙江地区增长较为显著,如图 1-3 所示。江苏地区泰州市、苏州市、南通市 3 个城市增长了 2 倍以上,年均增长率在 6.9% 以上,扬州市、常州市 2 个城市增长了 1 倍以上。浙江地区嘉兴市、湖州市增长了 2 倍以上,宁波市、绍兴市、台州市、杭州市增长了 1 倍以上。16 个城市中仅上海市减少,年均减少 0.24%。

表 1-2　长三角核心区 16 个城市工业企业数及增长情况

城市		2000 年(个)	2017 年(个)	2017 年比 2000 年增长倍数(倍)	2000～2017 年年均增长率(%)
上海市		8 460	8 122	−0.04	−0.24
江苏地区	南京市	1 797	2 348	0.31	1.59
	无锡市	2 892	5 258	0.82	3.58
	常州市	2 059	4 240	1.06	4.34
	苏州市	3 112	9 840	2.16	7.01
	南通市	1 641	5 131	2.13	6.94
	扬州市	1 223	2 693	1.20	4.75

续表

城市		2000年（个）	2017年（个）	2017年比2000年增长倍数（倍）	2000～2017年年均增长率（%）
江苏地区	镇江市	1 145	2 046	0.79	3.47
	泰州市	936	2 992	2.20	7.07
浙江地区	杭州市	2 715	5 533	1.04	4.28
	宁波市	2 803	7 570	1.70	6.02
	嘉兴市	1 277	5 396	3.23	8.85
	湖州市	768	2 945	2.83	8.23
	绍兴市	1 776	4 494	1.53	5.61
	舟山市	194	351	0.81	3.55
	台州市	1 564	3 760	1.40	5.30
合计		34 362	72 719	1.12	4.51

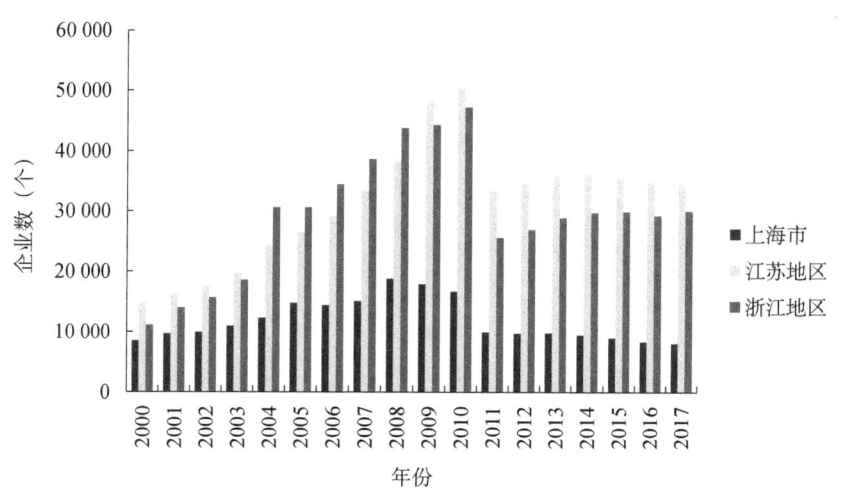

注：年均增长率计算公式为 $^{2017-2000}\sqrt{2017\text{年企业数}/2000\text{年企业数}}-1$。本书中年均增长率计算均采用这一公式，只是更换相应的年份值

图1-3 2000～2017年上海市、江苏地区、浙江地区工业企业数变化情况

1.1.3 从比值看地位

单是地区的企业数不能反映该地区的竞争力。可以通过占全国比重来反映长三角地区工业在全国的竞争力，更全面地展示长三角地区工业发展的现状。表1-3为2000~2017年长三角核心区16个城市工业企业数，表1-4显示2000~2017年长三角核心区16个城市工业企业数占全国比重情况。2004年以前，长三角核心区16个城市占全国比重保持上升趋势；2005~2010年略有调整，但基本保持在25%左右；2010年以后呈现下降趋势，但都保持在19%以上。

表1-3 2000~2017年长三角核心区16个城市工业企业数 （单位：个）

	城市	2000年	2001年	2002年	2003年	2004年	2005年
	上海市	8 460	9 701	9 982	10 956	12 316	14 769
江苏地区	南京市	1 797	1 808	1 947	2 064	2 449	2 344
	无锡市	2 892	3 123	3 340	3 925	4 543	4 628
	常州市	2 059	2 185	2 474	2 804	4 707	3 593
	苏州市	3 112	3 735	4 112	4 553	5 044	6 743
	南通市	1 641	1 775	1 933	2 211	2 716	3 473
	扬州市	1 223	1 264	1 341	1 535	1 773	2 045
	镇江市	1 145	1 232	1 289	1 412	1 531	1 773
	泰州市	936	971	1 083	1 209	1 494	1 905
浙江地区	杭州市	2 715	3 580	4 015	4 689	7 738	7 359
	宁波市	2 803	3 530	4 060	4 672	8 263	8 788
	嘉兴市	1 277	1 303	1 777	2 526	4 860	4 497
	湖州市	768	983	1 118	1 323	1 589	1 895
	绍兴市	1 776	1 975	2 125	2 448	3 877	3 676
	舟山市	194	228	300	314	450	442
	台州市	1 564	2 411	2 257	2 634	3 825	3 945
	城市	2006年	2007年	2008年	2009年	2010年	2011年
	上海市	14 404	15 099	18 792	17 906	16 684	9 962
江苏地区	南京市	1 889	2 094	3 430	3 520	3 917	2 508
	无锡市	4 962	5 333	5 564	7 225	7 988	5 241
	常州市	4 223	4 768	5 030	6 493	6 375	3 638
	苏州市	7 485	8 632	9 959	13 720	13 538	9 904

续表

城市		2006年	2007年	2008年	2009年	2010年	2011年
江苏地区	南通市	4 217	5 109	5 844	7 387	7 589	4 912
	扬州市	2 252	2 682	3 023	3 446	3 728	2 525
	镇江市	1 961	2 210	2 504	3 064	3 125	2 173
	泰州市	2 190	2 588	2 849	3 566	4 012	2 489
浙江地区	杭州市	7 826	8 674	9 907	10 032	10 370	5 868
	宁波市	9 873	11 017	12 120	12 059	12 492	6 616
	嘉兴市	5 389	5 986	6 735	6 819	7 311	3 987
	湖州市	2 339	2 567	3 264	3 371	3 561	2 309
	绍兴市	4 032	4 428	5 213	5 266	5 545	3 427
	舟山市	486	531	590	596	659	358
	台州市	4 547	5 474	5 973	6 210	7 308	3 040

城市		2012年	2013年	2014年	2015年	2016年	2017年
上海市		9 772	9 782	9 469	8 994	8 351	8 122
江苏地区	南京市	2 593	2 783	2 748	2 714	2 661	2 348
	无锡市	5 248	5 400	5 163	4 988	4 888	5 258
	常州市	3 869	3 887	4 350	4 244	4 139	4 240
	苏州市	10 444	10 776	10 432	10 062	9 616	9 840
	南通市	4 941	5 107	5 081	5 066	5 071	5 131
	扬州市	2 600	2 589	2 681	2 762	2 707	2 693
	镇江市	2 446	2 781	2 938	2 843	2 635	2 046
	泰州市	2 531	2 631	2 709	2 867	3 018	2 992
浙江地区	杭州市	5 927	6 284	6 169	6 073	5 684	5 533
	宁波市	6 804	7 167	7 383	7 509	7 286	7 570
	嘉兴市	4 324	4 707	5 005	5 154	5 051	5 396
	湖州市	2 428	2 490	2 719	2 752	2 806	2 945
	绍兴市	3 682	4 079	4 231	4 352	4 430	4 494
	舟山市	383	414	393	390	375	351
	台州市	3 377	3 733	3 804	3 672	3 618	3 760

表1-4　2000~2017年长三角核心区16个城市工业企业数占全国比重

年份	长三角核心区16个城市（个）	全国（个）	长三角核心区16个城市占全国比重（%）
2000	34 362	162 885	21.10
2001	39 804	171 256	23.24
2002	43 153	181 557	23.77
2003	49 275	196 222	25.11

续表

年份	长三角核心区16个城市（个）	全国（个）	长三角核心区16个城市占全国比重（%）
2004	67 175	219 463	30.61
2005	71 875	271 835	26.44
2006	78 075	301 961	25.86
2007	87 192	336 768	25.89
2008	100 797	426 113	23.65
2009	110 680	434 364	25.48
2010	114 202	452 872	25.22
2011	68 957	325 609	21.18
2012	71 369	343 769	20.76
2013	74 610	369 813	20.18
2014	75 275	377 888	19.92
2015	74 442	383 148	19.43
2016	72 336	378 599	19.11
2017	72 719	372 729	19.51

1.2 产　　值[①]

1.2.1 从总量看态势

工业总产值是工业企业在一定时期内生产的以货币形式表现的工业最终产品和提供工业性劳务活动的总价值量。它反映一定时期内工业生产的总规模和水平。

2017年长三角核心区12个城市工业产值为174 585.93亿元，如表1-5所示。其中，上海市为36 094.36亿元，占比为20.67%，在12个城市中位列第一。工业产值在10 000亿元以上的有上海市、苏州市、无锡市、宁波市、杭州市、常州市、泰州市。江苏地区苏州市最高，为31 468.77亿元。浙江地区宁波市最高，为15 850.89亿元。

[①] 南京市、南通市、舟山市、台州市数据不全，故本节分析12个城市。

表1-5 2017年长三角核心区12个城市工业产值及占比

城市		产值（亿元）	占比（%）
上海市		36 094.36	20.67
江苏地区	无锡市	15 861.19	9.09
	常州市	12 671.68	7.26
	苏州市	31 468.77	18.02
	扬州市	9 371.10	5.37
	镇江市	7 392.34	4.23
	泰州市	12 208.75	6.99
浙江地区	杭州市	12 963.76	7.43
	宁波市	15 850.89	9.08
	嘉兴市	8 612.25	4.93
	湖州市	4 313.86	2.47
	绍兴市	7 776.98	4.45
合计		174 585.93	100.00

长三角核心区12个城市工业产值总体上呈现增长态势，未出现规模萎缩的城市，如图1-4所示。2017年长三角核心区12个城市中上海市、苏州市、无锡市、宁波市、杭州市、常州市列前六位。

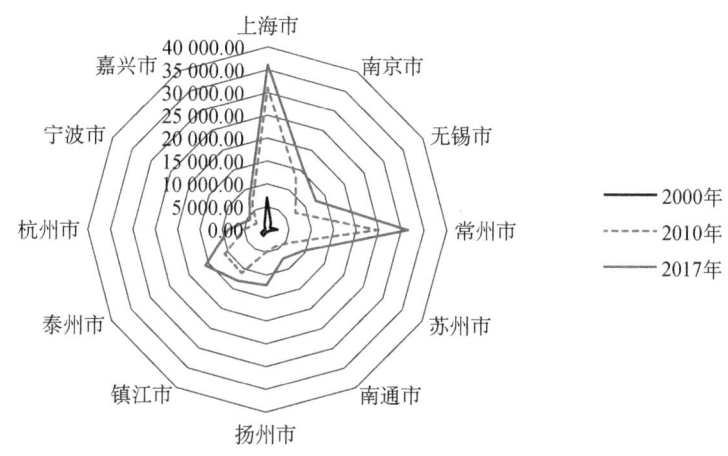

图1-4 2000年、2010年、2017年长三角核心区12个城市工业产值情况
图中数字表示工业产值，单位为亿元

2017年，长三角核心区12个城市平均工业产值为14 548.83亿元，其中上海市、

苏州市、无锡市、宁波市 4 个城市位于平均水平之上，这 4 个城市工业产值为 99 275.21 亿元，占长三角核心区 12 个城市的 56.86%，如图 1-5 所示。

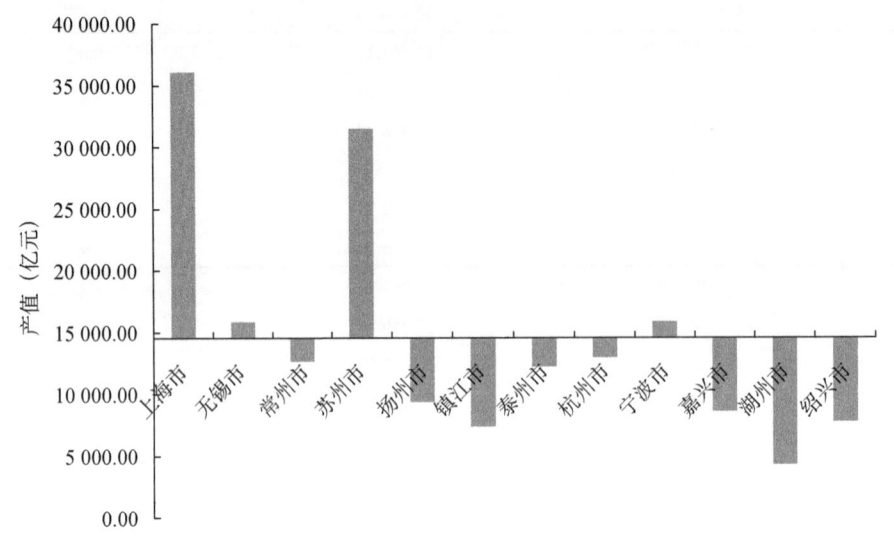

图 1-5　2017 年长三角核心区 12 个城市工业产值与平均值比较

1.2.2　从增速看发展

2000～2017 年，长三角核心区 12 个城市工业产值增长了 8.39 倍，年均增长率为 14.08%，如表 1-6 所示。分地区来看，江苏地区增长较为显著，如图 1-6 所示。江苏地区泰州市增长了 20 倍以上，年均增长率在 20% 以上，扬州市、常州市、镇江市、苏州市 4 个城市增长了 10 倍以上；浙江地区嘉兴市、湖州市、宁波市增长了 10 倍以上；上海市增长了 4.14 倍。

表 1-6　长三角核心区 12 个城市工业产值及增长情况

城市		2000 年（亿元）	2017 年（亿元）	2017 年比 2000 年增长倍数（倍）	2000～2017 年年均增长率（%）
上海市		7 022.98	36 094.36	4.14	10.11
江苏地区	无锡市	1 779.07	15 861.19	7.92	13.73
	常州市	874.63	12 671.68	13.49	17.03
	苏州市	2 396.51	31 468.77	12.13	16.35

续表

城市		2000年 （亿元）	2017年 （亿元）	2017年比2000年 增长倍数（倍）	2000~2017年 年均增长率（%）
	扬州市	573.62	9 371.10	15.34	17.86
	镇江市	546.17	7 392.34	12.53	16.56
	泰州市	443.80	12 208.75	26.51	21.53
浙江地区	杭州市	1 543.57	12 963.76	7.40	13.34
	宁波市	1 427.70	15 850.89	10.10	15.21
	嘉兴市	575.52	8 612.25	13.96	17.25
	湖州市	355.75	4 313.86	11.13	15.81
	绍兴市	1 045.13	7 776.98	6.44	12.53
合计		18 584.45	174 585.93	8.39	14.08

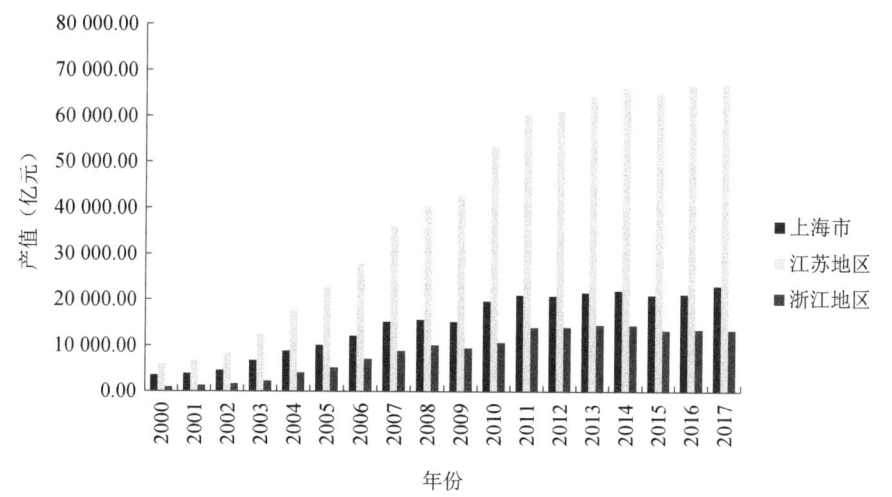

图 1-6　2000~2017年上海市、江苏地区、浙江地区工业产值变化情况

1.2.3　从比值看地位

单是地区的产值不能反映该地区的竞争力，如表 1-7 所示。可以通过在全国的占比来反映长三角工业在全国的竞争力，更全面地展示长三角工业发展的现状。表 1-8 显示了 2000~2011 年长三角核心区 12 个城市工业产值占全国比重，2000~2003 年保持轻微上涨，2004 年以后呈现不断下降的态势。

表 1-7　2000～2017 年长三角核心区 16 个城市工业产值　（单位：亿元）

城市		2000 年	2001 年	2002 年	2003 年	2004 年
上海市		7 022.98	7 806.18	8 730.00	11 708.49	14 595.29
江苏地区	南京市	1 602.79	1 773.56	1 973.25	2 509.38	3 153.43
	无锡市	1 779.07	2 010.95	2 445.08	3 284.73	4 575.10
	常州市	874.63	1 001.25	1 167.02	1 527.28	2 127.20
	苏州市	2 396.51	2 784.79	3 465.87	4 976.51	7 307.55
	南通市	697.10	775.44	877.55	1 123.91	1 603.36
	扬州市	573.62	584.29	654.08	814.81	1 096.05
	镇江市	546.17	613.25	726.61	855.36	1 073.10
	泰州市	443.80	499.39	579.82	736.65	997.30
浙江地区	杭州市	1 543.57	1 919.51	2 400.30	3 202.52	4 486.58
	宁波市	1 427.70	1 629.66	2 000.16	2 630.29	3 815.04
	嘉兴市	575.52	642.51	936.24	1 269.52	1 744.30
	湖州市	355.75	409.50	459.32	588.61	832.70
	绍兴市	1 045.13	1 201.93	1 471.40	1 895.40	2 577.45
	舟山市	127.89	154.94	190.13	240.10	303.97
	台州市	481.55	610.66	726.92	955.82	1 352.92
城市		2005 年	2006 年	2007 年	2008 年	2009 年
上海市		16 876.78	19 631.23	23 108.63	25 968.38	24 888.08
江苏地区	南京市	4 063.48	4 692.81	5 788.16	6 472.23	6 799.77
	无锡市	5 720.32	7 115.30	8 939.90	10 214.75	10 841.53
	常州市	2 504.19	3 293.77	4 253.91	5 177.16	5 982.91
	苏州市	9 908.58	12 538.51	15 908.92	18 630.13	20 284.50
	南通市	2 143.39	2 949.53	4 029.40	5 162.43	6 094.89
	扬州市	1 410.79	1 846.18	2 531.42	3 439.67	4 366.62
	镇江市	1 331.40	1 628.78	2 144.71	2 780.32	3 240.06
	泰州市	1 216.80	1 664.50	2 266.60	2 949.82	3 769.46
浙江地区	杭州市	5 441.13	6 975.46	8 351.40	9 379.58	9 390.73
	宁波市	4 890.97	6 187.91	7 789.01	8 746.36	8 272.85
	嘉兴市	2 178.96	2 689.10	3 338.16	3 738.26	3 863.99
	湖州市	1 070.79	1 385.53	1 760.50	2 138.50	2 198.09
	绍兴市	3 215.07	3 910.87	4 869.01	5 390.20	5 518.91
	舟山市	403.64	505.37	642.53	832.64	1 006.29
	台州市	1 737.70	2 228.80	2 740.66	2 877.66	2 869.88

续表

城市		2010 年	2011 年	2012 年	2013 年	2014 年
上海市		31 038.57	33 834.44	33 186.41	33 899.38	34 071.19
江苏地区	南京市	8 609.50	10 354.65	11 405.12	12 563.09	13 199.67
	无锡市	12 971.08	14 561.97	14 446.85	14 876.30	14 425.66
	常州市	7 396.09	8 270.77	8 970.30	10 067.88	11 037.46
	苏州市	24 651.70	27 778.75	28 745.54	30 276.29	30 322.17
	南通市	7 383.16	8 679.82	9 890.13	11 253.96	12 499.70
	扬州市	5 762.81	6 768.36	7 188.18	8 315.92	9 246.65
	镇江市	4 190.41	5 207.66	6 105.69	7 178.79	8 084.47
	泰州市	4 916.08	5 813.13	7 127.29	8 501.65	9 456.36
浙江地区	杭州市	11 081.04	12 352.92	12 959.68	12 418.00	12 853.05
	宁波市	10 853.55	12 044.77	12 155.08	13 010.09	14 028.05
	嘉兴市	5 102.85	5 763.36	6 039.93	6 893.67	7 463.75
	湖州市	2 666.53	2 890.05	3 333.83	3 814.39	4 201.40
	绍兴市	6 513.76	7 932.68	8 551.25	9 339.31	9 735.30
	舟山市	1 197.03	1 440.65	1 585.35	1 750.43	1 967.62
	台州市	3 630.80	3 448.45	3 530.81	3 805.76	4 052.52

城市		2015 年	2016 年	2017 年
上海市		33 211.57	33 079.72	36 094.36
江苏地区	南京市	12 905.13	12 945.02	—
	无锡市	14 549.87	14 352.96	15 861.19
	常州市	11 101.64	12 096.82	12 671.68
	苏州市	30 249.25	30 713.99	31 468.77
	南通市	13 515.33	14 525.72	—
	扬州市	9 631.23	9 878.18	9 371.10
	镇江市	8 403.82	8 722.84	7 392.34
	泰州市	11 063.14	12 170.80	12 208.75
浙江地区	杭州市	12 415.68	12 420.96	12 963.76
	宁波市	13 869.46	14 500.24	15 850.89
	嘉兴市	7 569.31	7 882.94	8 612.25
	湖州市	4 413.10	4 606.05	4 313.86
	绍兴市	9 746.38	9 826.94	7 776.98
	舟山市	2 154.02	2 465.44	—
	台州市	3 852.24	—	—

注：部分数据在统计年鉴中无法找到，在表格中显示为—，本书中其他表格均如此处理

表1-8 2000～2011年长三角核心区12个城市工业产值占全国比重

年份	长三角核心区12个城市（亿元）	全国（亿元）	长三角核心区12个城市占全国比重（%）
2000	18 584.45	85 674	21.69
2001	21 103.21	95 449	22.11
2002	25 035.90	110 776	22.60
2003	33 490.17	142 271	23.54
2004	45 227.66	201 722	22.42
2005	55 765.78	251 620	22.16
2006	68 867.14	316 589	21.75
2007	85 262.17	405 177	21.04
2008	98 553.13	507 285	19.43
2009	102 617.73	548 311	18.72
2010	127 144.47	698 591	18.20
2011	143 218.86	844 269	16.96

注：2012年以后《中国统计年鉴》未公布产值指标，故未统计2012年以后长三角核心区12个城市工业产值占全国比重

1.3 主营业务收入

1.3.1 从总量看态势

主营业务收入指企业确认的销售商品、提供劳务等主营业务的收入。

2017年长三角核心区16个城市工业主营业务收入为205 092.39亿元，如表1-9所示。其中，上海市为37 910.50亿元，占比为18.48%，在16个城市中位列第一；舟山市为903.46亿元，占比仅为0.44%，列倒数第一，也是16个城市中唯一的工业主营业务收入在1000亿元以下的城市。占比在10%以上的城市仅上海市、苏州市。工业主营业务收入在10 000亿元以上的有上海市、苏州市、宁波市、无锡市、南通市、杭州市、常州市、泰州市、南京市9个城市。江苏地区苏州市最高，为32 005.86亿元，占比15.61%，无锡市和南通市分别位列第二和第三。浙江地区宁波市最高，为15 643.88亿元，占比7.63%，杭州市和嘉兴市分别位列第二和第三。

1 规模以上工业企业

表1-9　2017年长三角核心区16个城市工业主营业务收入

城市		主营业务收入（亿元）	占比（%）
	上海市	37 910.50	18.48
江苏地区	南京市	10 936.47	5.33
	无锡市	15 543.76	7.58
	常州市	12 036.63	5.87
	苏州市	32 005.86	15.61
	南通市	14 522.32	7.08
	扬州市	8 876.94	4.33
	镇江市	6 814.50	3.32
	泰州市	11 941.88	5.82
浙江地区	杭州市	13 209.59	6.44
	宁波市	15 643.88	7.63
	嘉兴市	8 517.02	4.15
	湖州市	4 313.86	2.10
	绍兴市	7 520.82	3.67
	舟山市	903.46	0.44
	台州市	4 394.90	2.14
合计		205 092.39	100.00

长三角核心区 16 个城市工业主营业务收入总体上呈现增长态势，未出现规模萎缩的城市，如图 1-7 所示。2017 年上海市、苏州市、宁波市、无锡市、南通市、杭州市列前六位。

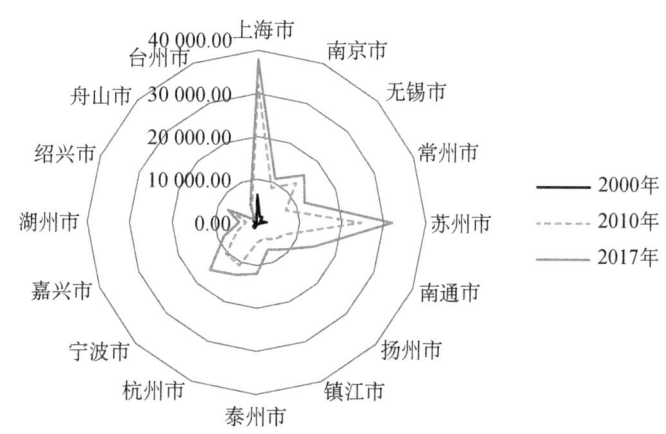

图 1-7　2000 年、2010 年、2017 年长三角核心区 16 个城市工业主营业务收入情况

图中数字表示工业主营业务收入，单位为亿元

2017年，长三角核心区16个城市平均工业主营业务收入为12 818.27亿元，其中上海市、苏州市、宁波市、无锡市、南通市、杭州市6个城市位于平均水平之上。这6个城市工业主营业务收入为128 835.90亿元，占长三角核心区16个城市的62.82%，如图1-8所示。

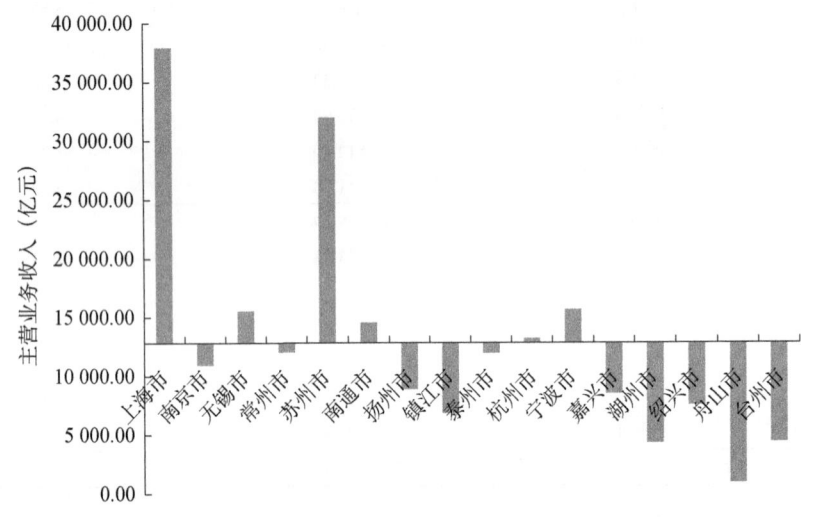

图1-8　2017年长三角核心区16个城市工业主营业务收入与平均值比较

1.3.2　从增速看发展

2000～2017年，长三角核心区16个城市工业主营业务收入保持较快增长态势，由19 976.78亿元增长到205 092.39亿元，增长了9.27倍，年均增长率为14.68%，如表1-10所示。分地区来看，江苏地区增长较为显著，如图1-9所示。江苏地区泰州市、南通市2个城市增长了20倍以上，年均增长率在20%以上，扬州市、镇江市、常州市、苏州市4个城市增长了10倍以上。浙江地区嘉兴市、湖州市、宁波市增长了10倍以上。仅上海市增长在5倍以下，为4.90倍。16个城市的年均增长率均在10%以上。

表 1-10 长三角核心区 16 个城市工业主营业务收入及增长

城市		2000 年（亿元）	2017 年（亿元）	2017 年比 2000 年增长倍数（倍）	2000～2017 年年均增长率（％）
上海市		6 429.68	37 910.50	4.90	11.00
江苏地区	南京市	1 540.22	10 936.47	6.10	12.22
	无锡市	1 713.60	15 543.76	8.07	13.85
	常州市	836.10	12 036.63	13.40	16.99
	苏州市	2 245.72	32 005.86	13.25	16.92
	南通市	615.72	14 522.32	22.59	20.43
	扬州市	520.16	8 876.94	16.07	18.16
	镇江市	441.61	6 814.50	14.43	17.46
	泰州市	387.69	11 941.88	29.80	22.34
浙江地区	杭州市	1 465.49	13 209.59	8.01	13.81
	宁波市	1 350.52	15 643.88	10.58	15.50
	嘉兴市	553.36	8 517.02	14.39	17.45
	湖州市	355.75	4 313.86	11.13	15.81
	绍兴市	996.85	7 520.82	6.54	12.62
	舟山市	91.47	903.46	8.88	14.42
	台州市	432.85	4 394.90	9.15	14.61
合计		19 976.78	205 092.39	9.27	14.68

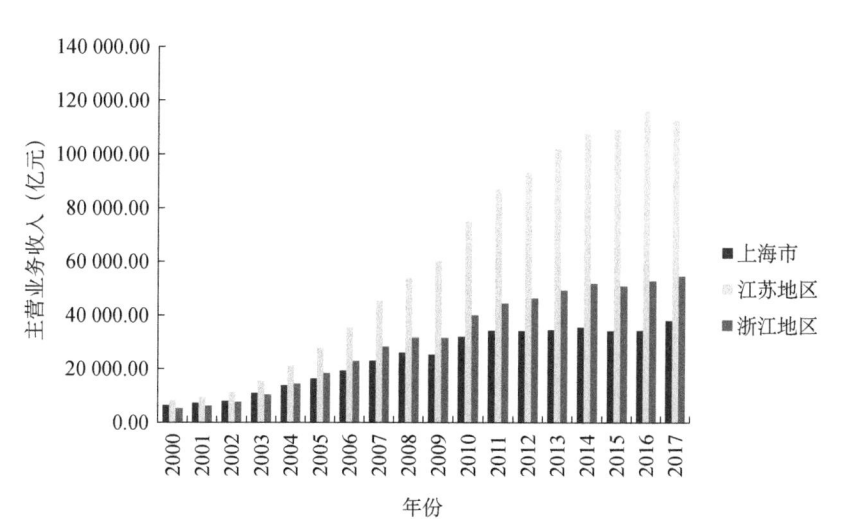

图 1-9 2000～2017 年上海市、江苏地区、浙江地区工业主营业务收入变化

1.3.3 从比值看地位

单是地区的主营业务收入不能反映该地区的竞争力,如表1-11所示。可以通过在全国的占比来反映长三角工业在全国的竞争力,更全面地展示长三角工业发展的现状。表1-12显示了2000~2017年长三角核心区16个城市工业主营业务收入占全国比重情况,2010年以前长三角核心区16个城市占全国比重保持在20%以上,2010年以后有轻微下降,基本保持在18%左右。

表1-11 2000~2017年长三角核心区16个城市工业主营业务收入

(单位:亿元)

	城市	2000年	2001年	2002年	2003年	2004年
	上海市	6 429.68	7 213.02	7 976.61	10 982.62	13 863.25
江苏地区	南京市	1 540.22	1 663.06	1 890.19	2 452.99	3 091.44
	无锡市	1 713.59	1 924.13	2 395.61	3 206.76	4 399.76
	常州市	836.10	944.65	1 135.55	1 510.77	2 064.71
	苏州市	2 245.72	2 643.68	3 329.70	4 924.87	7 146.77
	南通市	615.72	688.00	797.05	1 052.87	1 499.81
	扬州市	520.16	546.39	608.68	772.62	1 046.46
	镇江市	441.61	507.69	625.24	766.57	979.10
	泰州市	387.69	433.69	495.16	651.96	879.94
浙江地区	杭州市	1 465.49	1 828.28	2 288.21	3 117.46	4 363.27
	宁波市	1 350.52	1 538.70	1 945.02	2 604.90	3 660.69
	嘉兴市	553.36	620.81	765.95	1 087.76	1 703.33
	湖州市	355.75	409.50	459.32	588.62	766.37
	绍兴市	996.85	1 154.60	1 421.10	1 849.00	2 432.19
	舟山市	91.47	86.84	110.37	144.35	203.24
	台州市	432.85	564.17	678.43	921.03	1 301.66
	城市	2005年	2006年	2007年	2008年	2009年
	上海市	16 353.73	19 266.93	23 112.35	26 058.02	25 421.08
江苏地区	南京市	4 027.30	4 714.13	5 819.00	6 635.54	6 730.99
	无锡市	5 657.46	7 062.47	8 858.08	9 988.63	10 591.33
	常州市	2 459.56	3 243.79	4 171.08	5 089.94	5 868.05
	苏州市	9 874.41	12 533.02	15 825.93	18 379.42	20 010.73
	南通市	2 081.14	2 919.56	3 991.15	5 089.20	5 957.83
	扬州市	1 370.09	1 806.02	2 469.62	3 333.71	4 240.26
	镇江市	1 245.63	1 575.94	2 023.80	2 590.34	3 051.68
	泰州市	1 160.07	1 589.57	2 172.78	2 794.49	3 622.23

续表

城市		2005 年	2006 年	2007 年	2008 年	2009 年
浙江地区	杭州市	5 282.80	6 807.64	8 057.03	8 976.46	9 026.32
	宁波市	4 698.16	5 930.59	7 456.24	8 283.18	7 824.88
	嘉兴市	2 158.87	2 650.14	3 294.98	3 606.32	3 725.26
	湖州市	1 070.79	1 385.53	1 760.52	2 026.65	2 198.09
	绍兴市	3 148.12	3 827.84	4 796.12	5 296.82	5 438.72
	舟山市	255.55	319.05	408.99	591.71	653.45
	台州市	1 682.92	2 081.64	2 551.41	2 734.58	2 719.48

城市		2010 年	2011 年	2012 年	2013 年	2014 年
上海市		32 084.08	34 299.95	34 096.29	34 533.53	35 473.82
江苏地区	南京市	8 625.35	10 472.31	11 283.26	12 425.21	13 003.84
	无锡市	12 879.78	14 567.14	14 191.69	14 655.46	14 190.87
	常州市	7 274.88	8 212.53	9 097.95	10 223.05	11 379.01
	苏州市	24 577.51	27 898.91	28 998.80	30 224.92	30 397.27
	南通市	7 254.56	8 432.59	9 690.95	11 195.81	12 351.36
	扬州市	5 648.30	6 616.22	6 980.69	8 189.53	9 083.47
	镇江市	4 009.31	5 040.45	5 975.34	7 084.62	7 897.58
	泰州市	4 742.55	5 797.63	6 918.60	8 126.51	9 355.94
浙江地区	杭州市	10 843.24	12 022.57	12 525.39	12 424.15	12 833.70
	宁波市	10 396.63	11 803.24	11 795.98	12 594.24	13 254.65
	嘉兴市	5 013.12	5 609.89	5 907.14	6 708.11	7 232.79
	湖州市	2 666.53	2 890.05	3 333.83	3 814.39	4 201.40
	绍兴市	6 693.85	7 780.31	8 333.61	9 079.80	9 448.25
	舟山市	877.73	1 014.18	1 020.98	1 067.64	1 114.68
	台州市	3 487.00	3 308.78	3 332.95	3 571.68	3 732.59

城市		2015 年	2016 年	2017 年
上海市		34 172.22	34 315.15	37 910.50
江苏地区	南京市	12 180.70	12 442.36	10 936.47
	无锡市	14 083.94	14 120.24	15 543.76
	常州市	11 500.68	12 435.86	12 036.63
	苏州市	29 768.65	30 380.18	32 005.86
	南通市	13 322.91	14 650.80	14 522.32
	扬州市	9 383.07	9 603.07	8 876.94

续表

城市		2015年	2016年	2017年
江苏地区	镇江市	8 211.10	8 632.13	6 814.50
	泰州市	10 792.62	12 139.45	11 941.88
浙江地区	杭州市	12 237.39	12 367.54	13 209.59
	宁波市	12 911.27	13 639.11	15 643.88
	嘉兴市	7 192.53	7 589.37	8 517.02
	湖州市	4 413.10	4 606.05	4 313.86
	绍兴市	9 405.60	9 337.98	7 520.82
	舟山市	1 196.51	1 379.82	903.46
	台州市	3 509.08	3 794.15	4 394.90

表1-12　2000～2017年长三角核心区16个城市工业主营业务收入占全国比重

年份	长三角核心区16个城市（亿元）	全国（亿元）	长三角核心区16个城市占全国比重（%）
2000	19 976.79	84 151.75	23.74
2001	22 767.18	93 733.34	24.29
2002	26 922.18	109 485.77	24.59
2003	36 635.15	143 171.53	25.59
2004	49 401.99	198 908.87	24.84
2005	62 526.60	248 544.00	25.16
2006	77 713.86	313 592.45	24.78
2007	96 769.08	399 717.06	24.21
2008	111 475.01	500 020.07	22.29
2009	117 080.38	542 522.43	21.58
2010	147 074.42	697 744.00	21.08
2011	165 766.75	841 830.24	19.69
2012	173 483.45	929 291.51	18.67
2013	185 918.65	103 8 659.45	17.90
2014	194 951.22	110 7 032.52	17.61
2015	194 281.37	110 9 852.97	17.51
2016	201 433.26	115 8 998.52	17.38
2017	205 092.39	113 3 160.76	18.10

1.4 利 润

1.4.1 从总量看态势

利润指企业在一定会计期间的经营成果,是生产经营过程中各种收入扣除各种耗费后的盈余,反映企业在报告期内实现的盈亏总额。

2017年长三角核心区16个城市工业利润为14 980.45亿元,如表1-13所示。其中,上海市为3243.8亿元,占比为21.65%,在16个城市中位列第一,也是唯一的占比在20%以上的城市;舟山市为12.58亿元,占比仅为0.08%,列倒数第一,也是16个城市中唯一的工业利润在100亿元以下的城市。占比在10%以上的城市仅上海市、苏州市。工业利润在1000亿元以上的城市有上海市、苏州市、宁波市、南通市、无锡市5个城市。江苏地区苏州市最高,为2002.15亿元,占比为13.37%,南通市和无锡市分别位列第二和第三。浙江地区宁波市最高,为1287.46亿元,占比为8.59%,杭州市和嘉兴市分别位列第二和第三。

表1-13 2017年长三角核心区16个城市工业利润

城市		利润（亿元）	占比（%）
上海市		3 243.80	21.65
江苏地区	南京市	867.69	5.79
	无锡市	1 053.61	7.03
	常州市	715.99	4.78
	苏州市	2 002.15	13.37
	南通市	1 128.18	7.53
	扬州市	507.25	3.39
	镇江市	649.72	4.34
	泰州市	861.66	5.75
浙江地区	杭州市	998.56	6.67
	宁波市	1 287.46	8.59
	嘉兴市	562.79	3.76
	湖州市	306.19	2.04
	绍兴市	504.91	3.37
	舟山市	12.58	0.08
	台州市	277.91	1.86
合计		14 980.45	100.00

长三角核心区 16 个城市工业利润总体上呈现增长态势，除舟山市之外其他 15 个城市未出现规模萎缩，如图 1-10 所示。舟山市 2010 年为 48.86 亿元，2017 年下降到 12.58 亿元。2017 年，上海市、苏州市、宁波市、南通市、无锡市、杭州市列前六位。

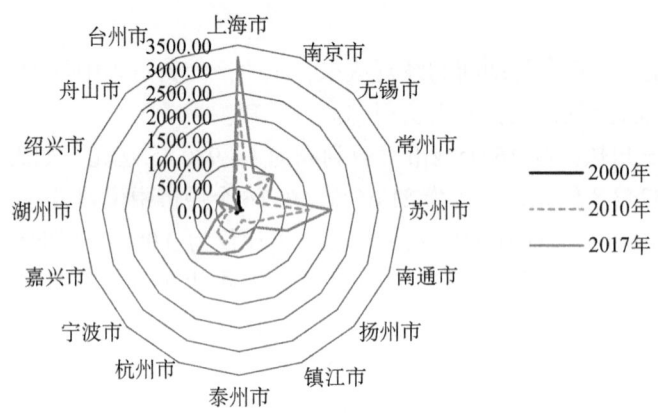

图 1-10 2000 年、2010 年、2017 年长三角核心区 16 个城市工业利润情况
图中数字表示工业利润，单位为亿元

2017 年，长三角核心区 16 个城市平均工业利润为 936.28 亿元，其中上海市、苏州市、宁波市、南通市、无锡市、杭州市 6 个城市位于平均水平之上，这 6 个城市工业利润为 9713.76 亿元，占长三角核心区 16 个城市的 65.76%，如图 1-11 所示。

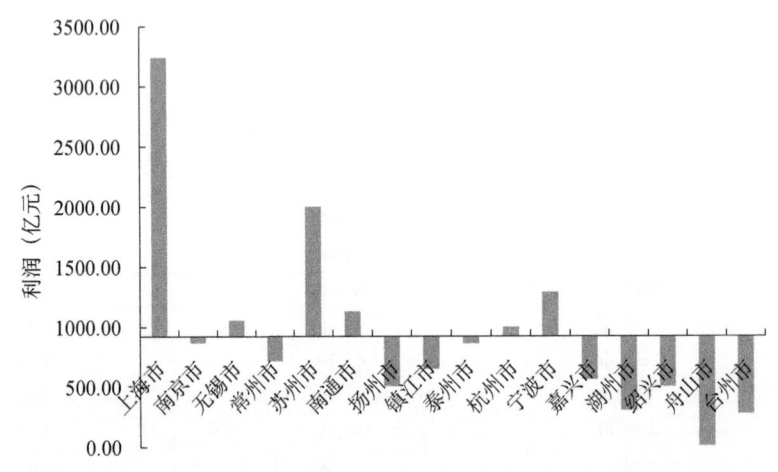

图 1-11 2017 年长三角核心区 16 个城市工业利润与平均值比较

1.4.2 从增速看发展

2000～2017年，长三角核心区16个城市工业利润保持较快增长态势，由2000年的1019.79亿元增长到2017年的14 980.45亿元，增长了13.69倍，年均增长率为17.12%，如表1-14所示。分地区来看，江苏地区增长较为显著，如图1-12所示。江苏地区镇江市增长最多，达到84.04倍，其次是南通市、泰州市，这3个城市年均增长率均在20%以上。浙江地区湖州市增长最多，达到21.80倍，其次是嘉兴市、宁波市。仅舟山市增长在5倍以下，为2.93倍，舟山市也是唯一的年均增长率低于10%的城市。

表1-14 长三角核心区16个城市工业利润及增长

城市		2000年（亿元）	2017年（亿元）	2017年比2000年增长倍数（倍）	2000～2017年年均增长率（%）
上海市		391.51	3 243.80	7.29	13.24
江苏地区	南京市	56.70	867.69	14.30	17.41
	无锡市	72.62	1 053.61	13.51	17.04
	常州市	25.44	715.99	27.14	21.69
	苏州市	97.16	2 002.15	19.61	19.48
	南通市	24.47	1 128.18	45.10	25.28
	扬州市	25.46	507.25	18.92	19.24
	镇江市	7.64	649.72	84.04	29.87
	泰州市	23.14	861.66	36.24	23.71
浙江地区	杭州市	76.20	998.56	12.10	16.34
	宁波市	88.11	1 287.46	13.61	17.09
	嘉兴市	31.39	562.79	16.93	18.51
	湖州市	13.43	306.19	21.80	20.19
	绍兴市	60.42	504.91	7.36	13.30
	舟山市	3.20	12.58	2.93	8.39
	台州市	22.90	277.91	11.14	15.82
合计		1 019.79	14 980.45	13.69	17.12

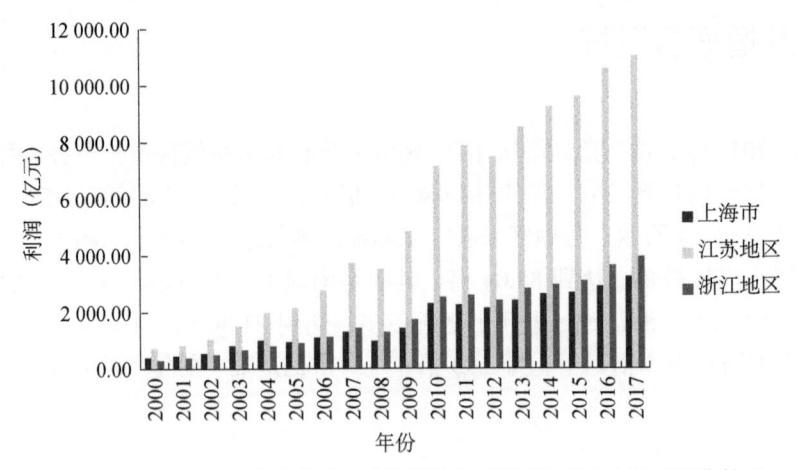

图 1-12 2000~2017 年上海市、江苏地区、浙江地区工业利润变化情况

1.4.3 从比值看地位

单是地区的利润不能反映该地区的竞争力,如表 1-15 所示可以通过在全国的占比来反映长三角工业在全国的竞争力,更全面地展示长三角地区工业效益的现状。表 1-16 显示了 2000~2017 年长三角核心区 16 个城市工业利润占全国比重情况,2006 年以前长三角核心区 16 个城市占全国比重保持在 20% 以上,2008 年下降到 15.74%,随后缓慢上升,到 2015 年以后保持在 19% 以上。

表 1-15 长三角核心区 16 个城市工业利润　　　　（单位:亿元）

城市		2000 年	2001 年	2002 年	2003 年	2004 年	2005 年
上海市		391.51	450.01	544.63	805.65	1003.48	939.56
江苏地区	南京市	56.70	51.82	70.78	112.51	199.27	196.83
	无锡市	72.62	87.14	112.64	161.32	211.56	255.10
	常州市	25.44	31.25	45.89	65.62	82.49	96.23
	苏州市	97.16	125.45	158.91	219.44	309.56	422.99
	南通市	24.47	26.48	36.92	54.85	73.61	99.60
	扬州市	25.46	17.70	21.10	29.51	40.42	50.83
	镇江市	7.64	8.93	19.36	28.23	35.63	47.76
	泰州市	23.14	26.87	21.11	33.53	43.05	54.80

续表

城市		2000年	2001年	2002年	2003年	2004年	2005年
浙江地区	杭州市	76.20	107.56	145.48	194.16	226.74	234.99
	宁波市	88.11	115.95	152.34	189.30	241.31	262.36
	嘉兴市	31.39	39.02	46.49	70.36	77.61	101.65
	湖州市	13.43	16.40	22.75	37.71	43.34	52.69
	绍兴市	60.42	75.38	94.55	117.20	131.67	161.50
	舟山市	3.20	2.54	3.40	5.36	5.96	7.25
	台州市	22.90	30.13	36.92	51.39	76.51	85.18
城市		2006年	2007年	2008年	2009年	2010年	2011年
上海市		1096.92	1308.99	967.24	1431.97	2299.66	2253.82
江苏地区	南京市	214.88	369.45	184.68	354.18	497.91	594.40
	无锡市	351.10	491.45	527.74	737.41	945.91	1149.38
	常州市	142.27	188.78	221.44	276.77	413.47	468.43
	苏州市	591.43	795.86	895.64	1038.89	1507.06	1484.73
	南通市	157.05	247.00	303.61	402.10	553.09	694.85
	扬州市	84.44	123.58	142.00	186.48	369.46	486.99
	镇江市	70.24	103.16	121.29	156.24	228.08	301.58
	泰州市	73.15	110.11	152.01	251.73	343.87	437.99
浙江地区	杭州市	314.49	414.55	453.92	510.97	764.47	795.53
	宁波市	312.63	387.31	221.25	462.11	657.77	631.66
	嘉兴市	123.94	165.47	150.88	202.91	321.10	309.52
	湖州市	67.96	82.00	80.14	105.14	144.14	169.97
	绍兴市	187.85	250.78	264.22	298.48	405.27	480.76
	舟山市	12.14	20.80	25.64	26.04	48.86	32.62
	台州市	99.91	120.25	100.31	132.63	188.28	175.27
城市		2012年	2013年	2014年	2015年	2016年	2017年
上海市		2149.42	2415.20	2646.50	2680.53	2913.91	3243.80
江苏地区	南京市	604.44	979.10	879.39	837.39	959.35	867.69
	无锡市	878.69	833.47	873.14	895.09	968.02	1053.61
	常州市	443.77	512.56	618.49	642.27	725.27	715.99
	苏州市	1251.57	1350.12	1460.13	1529.04	1772.74	2002.15
	南通市	786.59	861.52	937.85	1015.25	1118.27	1128.18

续表

城市		2012年	2013年	2014年	2015年	2016年	2017年
江苏地区	扬州市	471.91	540.53	616.95	624.38	602.98	507.25
	镇江市	363.11	439.63	516.58	556.73	582.17	649.72
	泰州市	538.06	596.09	713.87	840.00	938.67	861.66
浙江地区	杭州市	771.68	853.60	904.60	891.12	946.06	998.56
	宁波市	553.21	701.68	688.25	776.28	1016.89	1287.46
	嘉兴市	279.30	356.39	374.84	402.90	510.59	562.79
	湖州市	168.41	207.14	240.33	264.25	295.26	306.19
	绍兴市	454.67	505.50	547.53	545.22	592.10	504.91
	舟山市	10.00	11.70	3.43	13.76	27.67	12.58
	台州市	180.51	197.53	206.15	213.20	259.81	277.91

表1-16 2000~2017年长三角核心区16个城市工业利润占全国比重

年份	长三角核心区16个城市（亿元）	全国（亿元）	长三角核心区16个城市占全国比重（%）
2000	1 019.79	4 393.5	23.21
2001	1 212.63	4 733.4	25.62
2002	1 533.27	5 784.5	26.51
2003	2 176.14	8 337.2	26.10
2004	2 802.21	11 929.3	23.49
2005	3 069.32	14 802.5	20.74
2006	3 900.40	19 504.4	20.00
2007	5 179.54	27 155.2	19.07
2008	4 812.01	30 562.4	15.74
2009	6 574.05	34 542.2	19.03
2010	9 688.40	53 049.7	18.26
2011	10 467.50	61 396.3	17.05
2012	9 905.34	61 910.1	16.00
2013	11 361.76	68 378.9	16.62
2014	12 228.03	68 154.9	17.94
2015	12 727.41	66 187.1	19.23
2016	14 229.76	71 921.4	19.79
2017	14 980.45	74 916.3	20.00

1.5 年平均就业人数[①]

年平均就业人数是指报告期企业平均实际拥有的、参与本企业生产经营活动的人员数。

1.5.1 从总量看态势

2017年长三角核心区16个城市工业年平均就业人数为1530.71万人，如表1-17所示。其中，苏州市为284.27万人，占比为18.57%，在16个城市中位列第一；舟山市为7.21万人，占比仅为0.47%，列倒数第一，也是16个城市中唯一的工业年平均就业人数在10万人以下的城市。占比在10%以上的城市只有苏州市、上海市。工业年平均就业人数在100万人以上的有苏州市、上海市、宁波市、无锡市、杭州市5个城市。江苏地区苏州市、无锡市和南通市分别位列前三。浙江地区宁波市最高，为148.69万人，占比为9.71%，杭州市和嘉兴市分别位列第二和第三。

表1-17 2017年长三角核心区16个城市工业年平均就业人数

城市		年平均就业人数（万人）	占比（%）
上海市		204.67	13.37
江苏地区	南京市	64.26	4.20
	无锡市	117.59	7.68
	常州市	84.52	5.52
	苏州市	284.27	18.57
	南通市	95.79	6.26
	扬州市	61.11	3.99
	镇江市	42.75	2.79
	泰州市	58.79	3.84
浙江地区	杭州市	105.57	6.90
	宁波市	148.69	9.71

[①] 2011年、2012年的常州市和苏州市数据缺失。

续表

城市		年平均就业人数（万人）	占比（%）
浙江地区	嘉兴市	85.47	5.58
	湖州市	37.07	2.42
	绍兴市	68.96	4.50
	舟山市	7.21	0.47
	台州市	63.99	4.18
合计		1530.71	100.00

长三角核心区 16 个城市工业年平均就业人数总体上呈现先增长后小幅下降态势，如图 1-13 所示。2017 年，苏州市、上海市、宁波市、无锡市、杭州市、南通市列前六位。

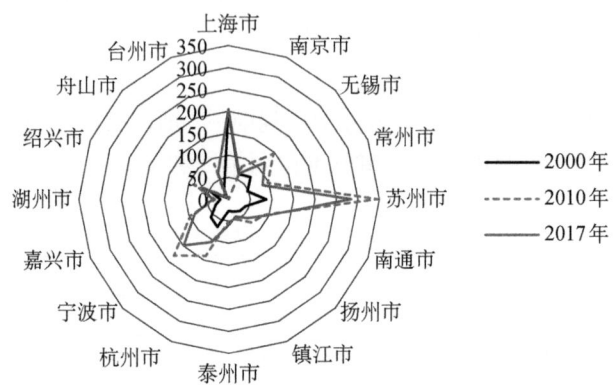

图 1-13　2000 年、2010 年、2017 年长三角核心区 16 个城市
工业年平均就业人数情况

图中数字表示工业年平均就业人数，单位为万人

2017 年，长三角核心区 16 个城市平均工业年平均就业人数为 95.67 万人，其中苏州市、上海市、宁波市、无锡市、杭州市、南通市 6 个城市位于平均水平之上，这 6 个城市工业年平均就业人数为 956.58 万人，占长三角核心区 16 个城市的 62.49%，如图 1-14 所示。

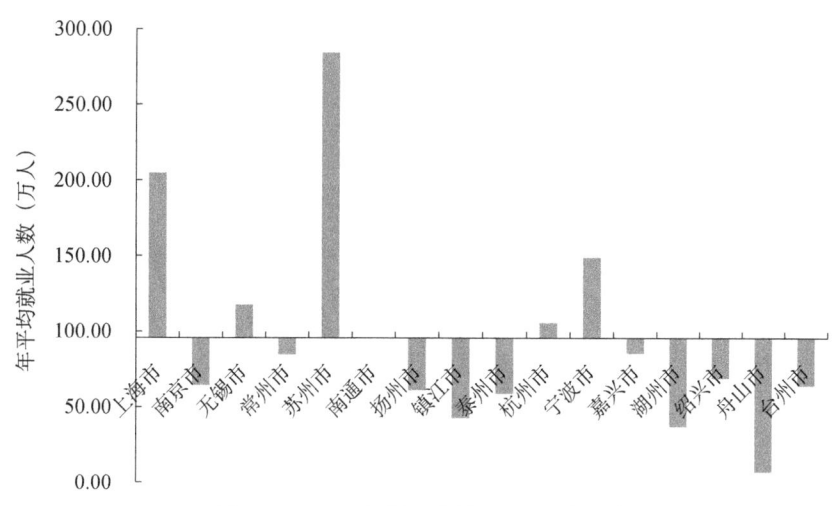

图 1-14　2017 年长三角核心区 16 个城市
工业年平均就业人数与平均值比较

1.5.2　从增速看发展

2000～2017 年，长三角核心区 16 个城市工业年平均就业人数先增长后缓慢下降，由 2000 年的 859.48 万人增长到 2017 年的 1530.71 万人，增长了 0.78 倍，年均增长率为 3.45%，如表 1-18 所示。分地区来看，江苏地区增长较为显著，如图 1-15 所示。江苏地区苏州市增长了 2 倍以上，年均增长率在 7% 以上，泰州市、南通市增长了 1 倍以上。浙江地区嘉兴市、宁波市、台州市增长了 1 倍以上，年均增长率在 5% 以上。上海市增长倍数最低，为 0.02 倍，年均增长率为 0.09%。

表 1-18　长三角核心区 16 个城市工业年平均就业人数及增长

城市		2000 年（万人）	2017 年（万人）	2017 年比 2000 年增长倍数（倍）	2000～2017 年年均增长率（%）
上海市		201.52	204.67	0.02	0.09
江苏地区	南京市	62.04	64.26	0.04	0.21
	无锡市	71.44	117.59	0.65	2.97
	常州市	47.35	84.51	0.78	3.47
	苏州市	87.01	284.27	2.27	7.21
	南通市	41.58	95.79	1.30	5.03

续表

城市		2000年（万人）	2017年（万人）	2017年比2000年增长倍数（倍）	2000~2017年年均增长率（%）
江苏地区	扬州市	37.22	61.11	0.64	2.96
	镇江市	30.06	42.75	0.42	2.09
	泰州市	26.18	58.79	1.25	4.87
浙江地区	杭州市	68.48	105.57	0.54	2.58
	宁波市	58.42	148.69	1.55	5.65
	嘉兴市	32.38	85.47	1.64	5.88
	湖州市	19.10	37.07	0.94	3.98
	绍兴市	44.66	68.96	0.54	2.59
	舟山市	5.21	7.21	0.38	1.93
	台州市	26.83	63.99	1.39	5.25
合计		859.48	1530.71	0.78	3.45

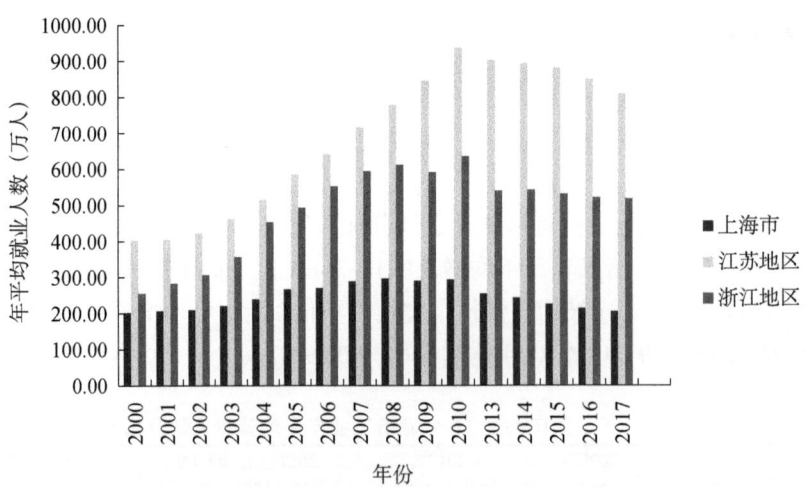

图1-15 2000~2017年上海市、江苏地区、浙江地区工业年平均就业人数变化情况

1.5.3　从比值看地位

单是地区的年平均就业人数不能反映该地区的竞争力,如表 1-19 所示。可以通过在全国的占比来反映长三角工业在全国的竞争力,更全面地展示长三角工业发展的现状。表 1-20 显示了 2000~2017 年长三角核心区 16 个城市工业年平均就业人数占全国比重情况,2007 年以前长三角核心区 16 个城市占全国比重保持上升趋势,2008~2010 年基本保持在 19%以上,2010 年以后有轻微下降趋势,但都保持在 16%以上。

表 1-19　2000~2017 年长三角核心区 16 个城市工业年平均就业人数

（单位：万人）

	城市	2000 年	2001 年	2002 年	2003 年	2004 年	2005 年
	上海市	201.52	206.49	208.43	220.51	238.93	265.39
江苏地区	南京市	62.04	57.87	60.02	59.17	55.24	56.27
	无锡市	71.44	70.69	74.69	83.09	92.00	100.47
	常州市	47.35	48.58	51.27	54.97	64.20	61.08
	苏州市	87.01	95.07	104.90	128.67	156.66	208.56
	南通市	41.58	41.48	41.02	43.97	48.51	52.86
	扬州市	37.22	36.22	35.43	36.68	38.69	40.45
	镇江市	30.06	30.04	30.41	32.00	33.06	35.07
	泰州市	26.18	24.56	23.58	24.38	27.25	29.79
浙江地区	杭州市	68.48	74.75	78.14	85.83	95.64	106.49
	宁波市	58.42	66.90	77.22	91.96	128.94	140.82
	嘉兴市	32.38	34.60	43.29	54.17	77.18	79.33
	湖州市	19.10	19.34	18.78	20.76	22.51	25.10
	绍兴市	44.66	46.71	48.75	54.96	67.67	70.97
	舟山市	5.21	5.18	5.50	6.23	7.10	7.54
	台州市	26.83	34.90	34.93	43.03	54.29	62.23
	城市	2006 年	2007 年	2008 年	2009 年	2010 年	2011 年
	上海市	269.67	287.45	295.63	289.89	293.23	264.11
江苏地区	南京市	55.86	59.29	70.96	73.39	80.59	78.11
	无锡市	111.41	120.01	118.94	136.99	146.67	132.10
	常州市	65.74	70.68	83.23	86.08	97.35	—
	苏州市	239.12	272.95	297.85	318.04	345.20	—

续表

城市		2006年	2007年	2008年	2009年	2010年	2011年
江苏地区	南通市	57.01	65.58	69.88	80.91	90.84	87.73
	扬州市	43.97	51.83	53.56	58.96	75.36	75.89
	镇江市	36.80	39.38	44.57	46.68	49.81	48.85
	泰州市	31.93	35.71	39.52	44.61	50.98	47.03
浙江地区	杭州市	113.32	124.45	129.77	127.74	139.65	124.61
	宁波市	169.64	174.24	178.59	168.67	181.09	152.25
	嘉兴市	86.71	93.10	95.62	92.01	96.44	82.63
	湖州市	27.51	30.52	33.21	33.54	31.67	34.53
	绍兴市	76.61	84.04	86.48	84.75	88.89	81.04
	舟山市	7.70	7.95	9.18	9.08	10.26	9.18
	台州市	70.40	79.50	78.26	75.42	87.45	68.61

城市		2012年	2013年	2014年	2015年	2016年	2017年
	上海市	264.97	254.00	242.45	224.65	213.33	204.67
江苏地区	南京市	79.71	79.71	80.64	78.42	74.44	64.26
	无锡市	136.80	134.98	129.43	125.31	116.78	117.59
	常州市	—	85.48	86.16	86.04	85.68	84.52
	苏州市	—	319.60	309.58	303.71	286.58	284.27
	南通市	93.62	98.28	98.83	99.38	101.55	95.79
	扬州市	75.25	75.38	75.21	71.99	68.52	61.11
	镇江市	51.89	55.42	58.37	57.22	55.56	42.75
	泰州市	52.03	53.31	55.40	58.34	59.68	58.79
浙江地区	杭州市	122.71	119.70	114.50	111.86	107.42	105.57
	宁波市	147.06	147.50	151.84	147.43	146.82	148.69
	嘉兴市	82.08	83.30	85.27	84.69	84.20	85.47
	湖州市	34.12	34.90	36.42	36.90	37.55	37.07
	绍兴市	80.13	81.16	81.12	79.08	75.83	68.96
	舟山市	8.75	8.27	8.43	8.83	8.01	7.21
	台州市	65.53	64.58	64.77	61.82	61.06	63.99

表 1-20 2000～2017 年长三角核心区 16 个城市工业年平均就业人数占全国比重

年份	长三角核心区 16 个城市（万人）	全国（万人）	长三角核心区 16 个城市占全国比重（%）
2000	859.48	5559.36	15.46
2001	893.38	5441.43	16.42
2002	936.36	5520.66	16.96
2003	1040.38	5748.57	18.10
2004	1207.87	6622.09	18.24
2005	1342.42	6895.96	19.47
2006	1463.40	7358.43	19.89
2007	1596.68	7875.20	20.27
2008	1685.25	8837.63	19.07
2009	1726.76	8831.22	19.55
2010	1865.48	9544.71	19.54
2011	—	9167.29	—
2012	—	9567.32	—
2013	1695.57	9791.46	17.32
2014	1678.42	9977.21	16.82
2015	1635.67	9775.02	16.73
2016	1583.01	9475.57	16.71
2017	1530.71	8957.89	17.09

1.6 发 电 量[①]

1.6.1 从总量看态势

2017 年长三角核心地区 15 个城市工业企业发电量为 6848.29 亿千瓦时，同期全国工业企业发电量为 64 951.43 亿千瓦时，长三角核心地区 15 个城市占比为 10.54%，

---

① 常州市相关资料空缺，故本节只分析 15 个城市。

如表 1-21 所示。其中，苏州市工业企业发电量为 1049.68 亿千瓦时，占比为 15.33%，在 15 个城市中位列第一；绍兴市工业企业发电量为 100.94 亿千瓦时，是 15 个城市中发电量最少的城市。江苏地区苏州市、南京市和无锡市分别位列前三。浙江地区嘉兴市最多，为 831.89 亿千瓦时，宁波市和台州市分别位列第二和第三。

表 1-21　2017 年长三角核心区 15 个城市工业企业发电量

	城市	发电量（亿千瓦时）	占比（%）
	上海市	865.50	12.64
江苏地区	南京市	501.60	7.32
	无锡市	465.05	6.79
	苏州市	1049.68	15.33
	南通市	418.76	6.11
	扬州市	227.62	3.32
	镇江市	391.99	5.72
	泰州市	296.16	4.32
浙江地区	杭州市	150.22	2.19
	宁波市	797.81	11.65
	嘉兴市	831.89	12.15
	湖州市	171.06	2.50
	绍兴市	100.94	1.47
	舟山市	156.17	2.28
	台州市	423.84	6.19
合计		6848.29	100.00

随着经济社会发展，长三角核心区 15 个城市工业企业发电量总体上呈现增长态势，如图 1-16 所示。2017 年长三角核心区 15 个城市中苏州市、上海市、嘉兴市、宁波市、南京市、无锡市列前六位。

2017 年，长三角核心区 15 个城市工业企业平均发电量为 456.55 亿千瓦时，其中上海市、南京市、无锡市、苏州市、宁波市、嘉兴市 6 个城市位于平均水平之上，这 6 个城市工业企业发电量为 4511.53 亿千瓦时，占长三角核心区 15 个城市的 65.88%，如图 1-17 所示。

1 规模以上工业企业

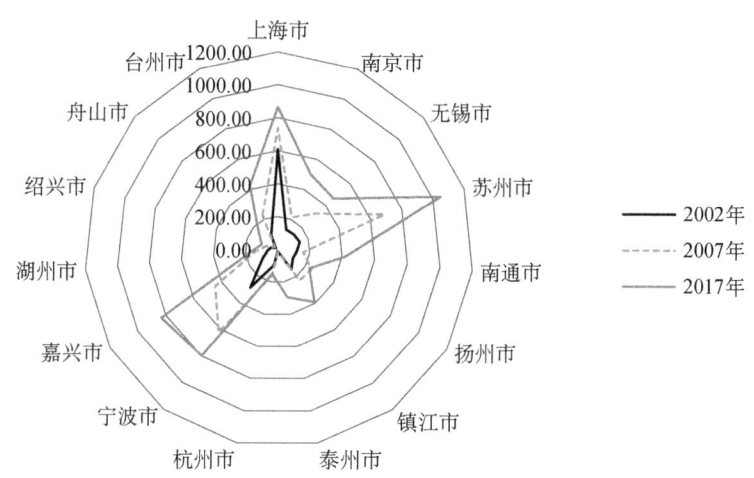

图 1-16 2002、2007、2017 年长三角核心区 15 个城市工业企业发电量情况

图中数字表示发电量,单位为亿千瓦时

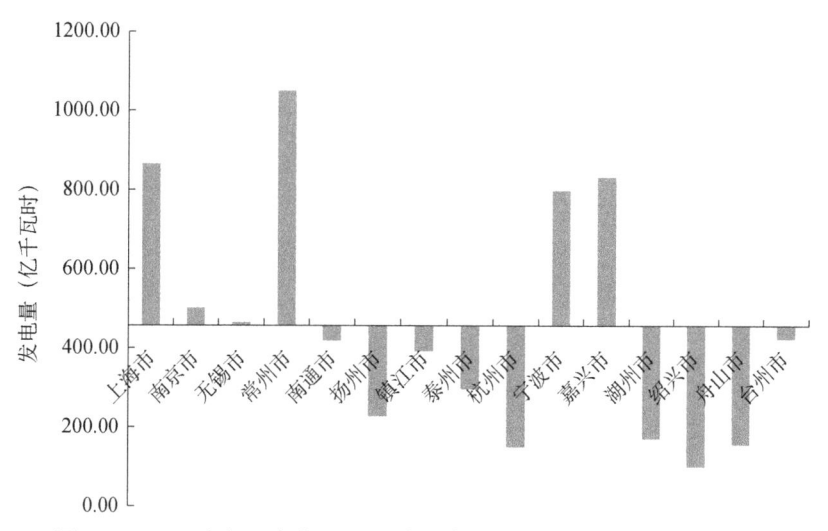

图 1-17 2017 年长三角核心区 15 个城市工业企业发电量与平均值比较

1.6.2 从增速看发展

2002～2017 年,长三角核心区 15 个城市工业企业发电量保持增长态势,由 2002 年的 2101.75 亿千瓦时增长到 2017 年的 6848.29 亿千瓦时,增长了 2.26 倍,年均增长

率为8.19%，如表1-22所示。如表1-23所示，江苏地区增长较为显著，泰州市、苏州市和南京市增长率位列前三；浙江地区舟山市、嘉兴市和台州市增长率位列前三；上海市增长0.42倍，年均增长率为2.37%。

表1-22　2002年、2017年长三角核心区15个城市工业企业发电量及增长情况

城市		2002年（亿千瓦时）	2017年（亿千瓦时）	2017年比2002年增长倍数（倍）	2002~2017年年均增长率（%）
上海市		608.92	865.50	0.42	2.37
江苏地区	南京市	131.55	501.60	2.81	9.33
	无锡市	135.80	465.05	2.42	8.55
	苏州市	144.71	1049.68	6.25	14.12
	南通市	119.23	418.76	2.51	8.74
	扬州市	109.28	227.62	1.08	5.01
	镇江市	147.45	391.99	1.66	6.74
	泰州市	10.77	296.16	26.50	24.73
浙江地区	杭州市	97.15	150.22	0.55	2.95
	宁波市	285.69	797.81	1.79	7.09
	嘉兴市	103.42	831.89	7.04	14.91
	湖州市	60.15	171.06	1.84	7.22
	绍兴市	40.07	100.94	1.52	6.35
	舟山市	13.05	156.17	10.97	18.00
	台州市	94.51	423.84	3.48	10.52
合计		2101.75	6848.29	2.26	8.19

表1-23　2000~2017年长三角核心区16个城市工业企业发电量情况

（单位：亿千瓦时）

城市		2000年	2001年	2002年	2003年	2004年	2005年
上海市		553.09	572.86	608.92	684.99	766.15	728.74
江苏地区	南京市	107.54	117.74	131.55	142.72	150.98	180.74
	无锡市	109.30	113.74	135.80	165.46	186.58	220.58
	常州市	35.43	40.01	46.11	52.18	63.06	61.93
	苏州市	113.27	128.81	144.71	170.96	210.38	262.70
	南通市	97.36	111.11	119.23	128.00	144.18	162.11
	扬州市	—	—	109.28	119.38	183.11	152.02
	镇江市	—	—	147.45	171.00	180.22	215.11
	泰州市	—	—	10.77	11.59	9.82	10.88

续表

	城市	2000 年	2001 年	2002 年	2003 年	2004 年	2005 年
浙江地区	杭州市	80.27	81.78	97.15	101.13	89.82	113.88
	宁波市	205.06	284.77	285.69	329.54	339.62	348.29
	嘉兴市	72.02	74.64	103.42	205.83	305.17	398.19
	湖州市	47.59	52.28	60.15	89.77	97.98	108.73
	绍兴市	29.44	31.26	40.07	50.14	58.42	66.92
	舟山市	11.78	12.79	13.05	16.12	21.65	22.14
	台州市	98.47	96.79	94.51	108.51	115.30	111.27

	城市	2006 年	2007 年	2008 年	2009 年	2010 年	2011 年
	上海市	710.96	737.80	773.54	778.20	876.19	946.96
江苏地区	南京市	210.96	214.19	198.10	207.04	326.17	484.68
	无锡市	175.24	326.75	349.07	364.83	305.44	337.24
	常州市	83.92	149.03	133.32	129.50	141.60	156.16
	苏州市	551.63	690.42	689.88	791.94	851.56	920.15
	南通市	169.52	160.14	161.81	147.69	279.87	326.84
	扬州市	170.38	242.58	221.40	230.78	231.08	225.55
	镇江市	245.96	231.66	217.69	235.54	239.66	273.03
	泰州市	14.68	15.71	—	—	—	—
浙江地区	杭州市	157.09	160.95	148.94	153.73	176.22	182.75
	宁波市	463.51	623.47	618.18	692.13	844.59	952.48
	嘉兴市	458.70	447.62	437.58	450.98	464.02	534.66
	湖州市	142.77	140.69	123.63	129.00	122.10	117.21
	绍兴市	77.61	69.58	49.69	52.93	51.57	51.97
	舟山市	22.93	22.47	22.82	25.65	28.36	38.24
	台州市	107.29	228.05	315.21	317.50	342.57	364.81

	城市	2012 年	2013 年	2014 年	2015 年	2016 年	2017 年
	上海市	886.19	959.51	808.14	821.19	832.32	865.50
江苏地区	南京市	514.69	514.16	498.50	498.29	514.56	501.60
	无锡市	366.23	337.24	367.33	362.77	432.78	465.05
	常州市	158.93	113.57	151.98	162.61	173.50	—
	苏州市	913.34	995.45	989.96	984.14	1020.00	1049.68
	南通市	328.99	328.98	403.03	396.28	407.31	418.76
	扬州市	229.11	239.89	215.57	209.80	209.27	227.62

续表

城市		2012年	2013年	2014年	2015年	2016年	2017年
江苏地区	镇江市	320.79	328.13	428.24	399.44	408.87	391.99
	泰州市	—	—	—	203.40	—	296.16
浙江地区	杭州市	183.49	196.11	200.11	189.21	179.10	150.22
	宁波市	887.22	948.17	866.50	754.11	743.24	797.81
	嘉兴市	667.57	674.42	631.32	757.84	794.34	831.89
	湖州市	101.53	109.41	112.40	138.77	155.65	171.06
	绍兴市	50.95	89.67	87.90	—	104.83	100.94
	舟山市	35.05	40.09	97.00	141.94	145.40	156.17
	台州市	326.11	—	296.73	274.55	369.00	423.84

2 大中型工业企业

我国工业大中型企业划分标准经过多次修改，具体情况如下。

2002年以前，工业企业按其规模大小分成大型（特大型、大一型、大二型）、中型（中一型、中二型）、小型企业。工业大、中、小型企业的划分标准有下列两类：①按企业产品的年生产能力划分。凡产品比较单一的行业，如电力、原煤、石油、钢铁、有色金属、硫酸、烧碱、纯碱、合成氨、发电设备、汽车、拖拉机、木材采伐、水泥、平板玻璃、纺织、造纸、制糖、手表、缝纫、自行车等均以产品生产能力作为划分大、中、小型的标准（生产多种产品的企业，以其主要产品的生产能力来划分）。②按企业拥有生产经营用的固定资产原价划分。凡产品种类繁多，难以按生产能力划分的，则以企业拥有的固定资产原价作为划分大、中、小型的标准。

从2003年起，大中小型企业划分标准按《统计上大中小型企业划分办法（暂行）》（国统字〔2003〕17号）执行，大中型企业为同时满足从业人员300人及以上、销售收入3000万元及以上和资产总额4000万元及以上三个条件的工业企业。

从2011年开始，工业企业年报规模划分标准按《统计上大中小微型企业划分办法》（国统字〔2011〕7号）执行，大中型企业为从业人员300人及以上并且主营业务收入在2000万元及以上的工业企业。

本书对工业大中型企业的选择标准与国家标准一致。

2.1 企 业 数

2.1.1 从总量看态势

2017年长三角核心区16个城市大中型工业企业数为10 529个，如表2-1所示。同期全国大中型工业企业数为58 854个，长三角核心区16个城市占比为17.89%。其中，苏州市大中型工业企业数为1976个，在16个城市中位列第一；舟山市大中型工业企业数为57个，位列倒数第一，也是16个城市中唯一的大中型工业企业数不过百的城市。大中型工业企业数在1000个以上的有苏州市、上海市、宁波市3个城市。江苏地区苏州市、无锡市和南通市分别位列前三。浙江地区宁波市最多，为1074个，杭州市和嘉兴市分别位列第二和第三。

2 大中型工业企业

表 2-1　2017 年长三角核心区 16 个城市大中型工业企业数

城市		企业数（个）	占比（%）
上海市		1 330	12.63
江苏地区	南京市	388	3.69
	无锡市	723	6.87
	常州市	560	5.32
	苏州市	1 976	18.77
	南通市	610	5.79
	扬州市	563	5.35
	镇江市	307	2.92
	泰州市	340	3.23
浙江地区	杭州市	766	7.28
	宁波市	1 074	10.20
	嘉兴市	607	5.77
	湖州市	246	2.34
	绍兴市	536	5.09
	舟山市	57	0.54
	台州市	446	4.24
合计		10 529	100.00

2002~2017 年，长三角核心区 16 个城市大中型工业企业数除上海市外均呈现增长态势，并且增长主要发生在 2002~2010 年，如图 2-1 所示。2017 年苏州市、上海市、宁波市、杭州市、无锡市、南通市列前六位。

2017 年，长三角核心区 16 个城市大中型工业企业平均数量为 658.06 个，其中上海市、无锡市、苏州市、杭州市和宁波市 5 个城市位于平均水平之上，这 5 个城市大中型工业企业数为 5869 个，占长三角核心区 16 个城市的 55.74%，如图 2-2 所示。

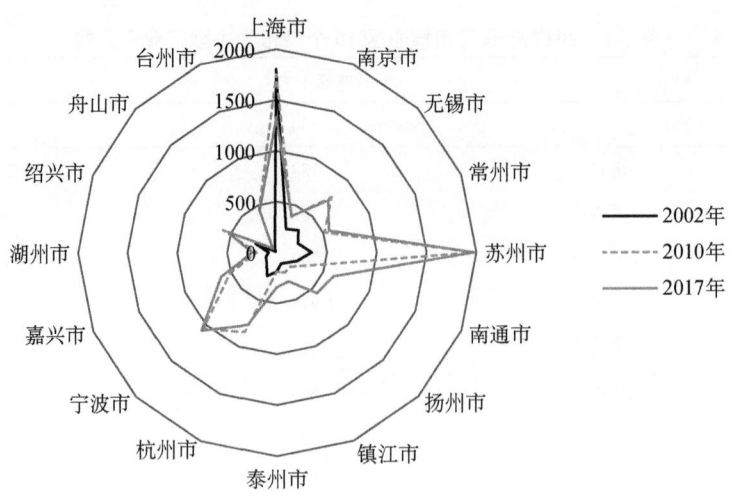

图 2-1　2002 年、2010 年、2017 年长三角核心区 16 个城市
大中型工业企业数情况

图中数字表示大中型工业企业数，单位为个

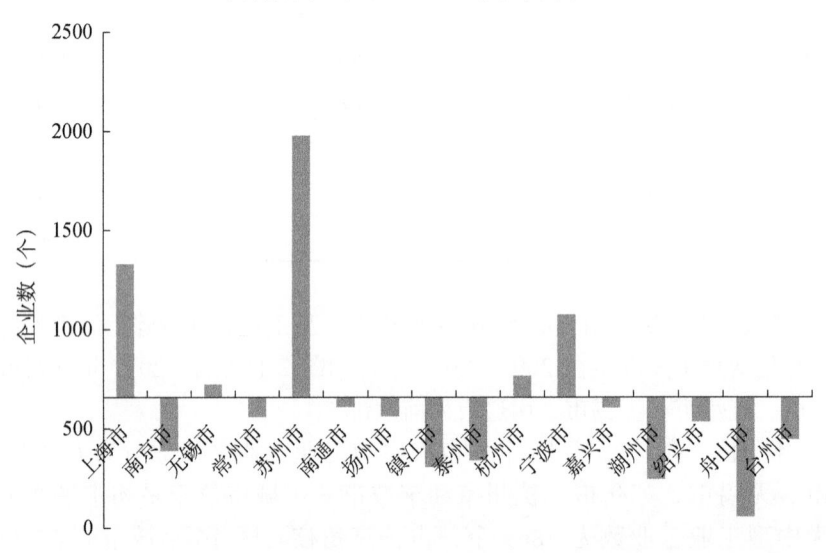

图 2-2　2017 年长三角核心区 16 个城市大中型工业企业数与平均值比较

2.1.2 从增速看发展

2002~2017年,随着经济社会发展,大中型工业企业统计标准逐步提高,长三角核心区16个城市大中型工业企业数先增长后下降,但总体呈现增长态势,由2002年的4479个增长到2017年的10 529个,增长1.35倍,如表2-2所示。上海市、浙江地区增长拐点发生在2011年附近,江苏地区增长拐点发生在2013年附近,如图2-3所示。长三角核心区16个城市中大中型工业企业数增长最快的是台州市,15年间从48个增长至446个,增长8.29倍。江苏地区,大中型工业企业数扩张最快的是苏州市,增长4.69倍,扬州市和南通市分列第二和第三。浙江地区,台州市、宁波市和嘉兴市分别位列前三。上海市大中型工业企业数有所下降,由2002年的1799个降至2017年的1330个。

表2-2 长三角核心区16个城市大中型工业企业数及增长情况

城市		2002年(个)	2017年(个)	2017年比2002年增长倍数(倍)	2002~2017年年均增长率(%)
上海市		1 799	1 330	−0.26	−1.99
江苏地区	南京市	248	388	0.56	3.03
	无锡市	307	723	1.36	5.88
	常州市	229	560	1.45	6.14
	苏州市	347	1 976	4.69	12.30
	南通市	220	610	1.77	7.04
	扬州市	142	563	2.96	9.62
	镇江市	118	307	1.60	6.58
	泰州市	189	340	0.80	3.99
浙江地区	杭州市	250	766	2.06	7.75
	宁波市	142	1 074	6.56	14.44
	嘉兴市	116	607	4.23	11.66
	湖州市	81	246	2.04	7.69
	绍兴市	230	536	1.33	5.80
	舟山市	13	57	3.38	10.36
	台州市	48	446	8.29	16.02
合计		4 479	10 529	1.35	5.86

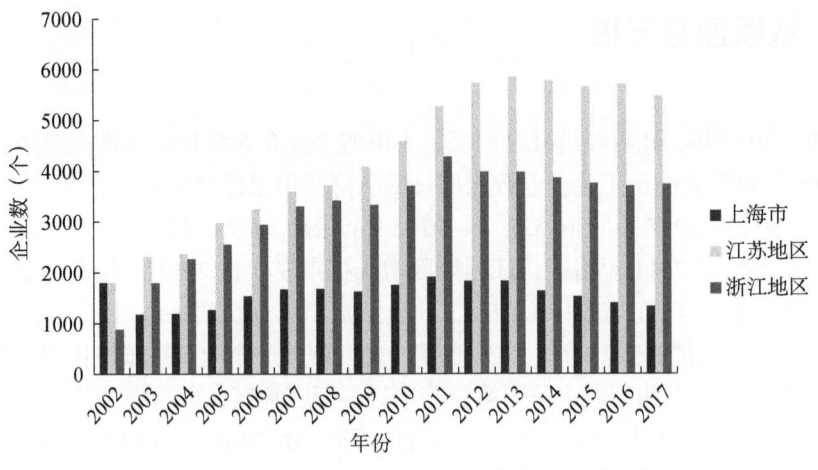

图 2-3 2002~2017 年上海市、江苏地区、浙江地区
大中型工业企业数变化情况

2.1.3 从比值看地位

单是大中型工业企业数不能反映城市大中型工业企业的竞争力，如表 2-3 所示。可以通过在工业的占比来反映大中型工业企业的竞争力，更全面地展示长三角地区大中型工业企业发展的现状。如表 2-4 所示，2002~2017 年长三角核心区 16 个城市大中型工业企业数占工业企业比重呈现先下降后上升的趋势，由 2002 年的 10.38%下降至最低点 2009 年的 8.15%，随后上升至 2017 年的 14.48%，并且近 5 年呈现缓慢下降的趋势。如表 2-5 所示，2017 年大中型工业企业数占工业企业比重超过 20%的有扬州市和苏州市，分别为 20.91%和 20.08%，低于 10%的仅有湖州市，为 8.35%，其他城市均在 10%~20%。

表 2-3 2000~2017 年长三角核心区 16 个城市大中型工业企业数情况

（单位：个）

城市		2000 年	2001 年	2002 年	2003 年	2004 年	2005 年
上海市		1351	1351	1799	1179	1186	1263
江苏地区	南京市	233	254	248	255	257	265
	无锡市	314	318	307	462	461	555
	常州市	205	227	229	266	296	262
	苏州市	294	356	347	706	744	1206

续表

城市		2000年	2001年	2002年	2003年	2004年	2005年
江苏地区	南通市	183	224	220	213	213	248
	扬州市	—	—	142	143	139	159
	镇江市	—	—	118	144	148	147
	泰州市	170	197	189	120	108	132
浙江地区	杭州市	286	276	250	448	499	572
	宁波市	159	150	142	454	620	731
	嘉兴市	133	120	116	250	318	359
	湖州市	—	98	81	97	96	128
	绍兴市	264	243	230	353	472	455
	舟山市	18	13	13	29	36	36
	台州市	53	49	48	162	221	264
城市		2006年	2007年	2008年	2009年	2010年	2011年
上海市		1537	1670	1683	1623	1750	1908
江苏地区	南京市	269	276	304	307	380	527
	无锡市	582	625	678	678	770	816
	常州市	303	351	397	441	514	620
	苏州市	1375	1568	1546	1796	1979	2108
	南通市	258	262	262	310	336	432
	扬州市	156	173	203	187	196	255
	镇江市	164	192	190	198	213	288
	泰州市	140	143	138	166	189	211
浙江地区	杭州市	649	726	751	754	841	939
	宁波市	870	965	990	928	1049	1194
	嘉兴市	400	462	482	475	507	616
	湖州市	141	153	181	175	203	239
	绍兴市	506	556	546	550	586	666
	舟山市	41	42	50	47	53	77
	台州市	331	393	410	390	460	539
城市		2012年	2013年	2014年	2015年	2016年	2017年
上海市		1823	1822	1629	1520	1396	1330
江苏地区	南京市	562	544	541	526	510	388
	无锡市	804	795	744	713	720	723
	常州市	581	580	561	573	564	560

续表

城市		2012年	2013年	2014年	2015年	2016年	2017年
江苏地区	苏州市	2164	2117	2042	1967	1936	1976
	南通市	564	581	607	619	640	610
	扬州市	443	561	569	555	586	563
	镇江市	342	390	415	400	408	307
	泰州市	256	268	289	287	327	340
浙江地区	杭州市	878	872	816	782	769	766
	宁波市	1112	1107	1080	1056	1058	1074
	嘉兴市	593	591	603	586	574	607
	湖州市	216	217	226	223	225	246
	绍兴市	633	642	616	604	585	536
	舟山市	71	69	67	72	67	57
	台州市	469	471	447	424	418	446

表2-4 2002～2017年长三角核心区16个城市大中型工业企业数占工业企业比重

年份	大中型工业企业（个）	工业企业（个）	大中型工业企业占工业企业比重（%）
2002	4 479	43 153	10.38
2003	5 281	49 275	10.72
2004	5 814	67 175	8.66
2005	6 782	71 875	9.44
2006	7 722	78 075	9.89
2007	8 557	87 192	9.81
2008	8 811	100 797	8.74
2009	9 025	110 680	8.15
2010	10 026	114 202	8.78
2011	11 435	68 957	16.58
2012	11 511	71 369	16.13
2013	11 627	74 610	15.58
2014	11 252	75 275	14.95
2015	10 907	74 442	14.65
2016	10 783	72 336	14.91
2017	10 529	72 719	14.48

表 2-5 2017 年长三角核心区 16 个城市大中型工业企业数占工业企业比重

城市		大中型工业企业（个）	工业企业（个）	大中型工业企业占工业企业比重（%）
	上海市	1330	8122	16.38
江苏地区	南京市	388	2348	16.52
	无锡市	723	5258	13.75
	常州市	560	4240	13.21
	苏州市	1976	9840	20.08
	南通市	610	5131	11.89
	扬州市	563	2693	20.91
	镇江市	307	2046	15.00
	泰州市	340	2992	11.36
浙江地区	杭州市	766	5533	13.84
	宁波市	1074	7570	14.19
	嘉兴市	607	5396	11.25
	湖州市	246	2945	8.35
	绍兴市	536	4494	11.93
	舟山市	57	351	16.24
	台州市	446	3760	11.86

2.2 主营业务收入[①]

2.2.1 从总量看态势

2017 年长三角核心区 15 个城市大中型工业企业主营业务收入为 129 869.13 亿元，如表 2-6 所示。其中，上海市为 28 265.97 亿元，占比为 21.76%，位列第一；舟山市为 557.29 亿元，占比为 0.43%，位列倒数第一，也是 15 个城市中唯一的大中型工业企业主营业务收入在 1000 亿元以下的城市。占比在 10%以上的城市仅上海市和苏州市。大中型工业企业主营业务收入在 10 000 亿元以上的有上海市、苏州市、无锡市 3

[①] 湖州市相关资料空缺，故本节只分析 15 个城市。

个城市。江苏地区苏州市最高，为 22 970.79 亿元，占比为 17.69%，无锡市和南京市分别位列第二和第三。浙江地区宁波市最高，为 9825.05 亿元，占比 7.57%，杭州市和嘉兴市分别位列第二和第三。

表 2-6　2017 年长三角核心区 15 个城市大中型工业企业主营业务收入

	城市	主营业务收入（亿元）	占比（%）
	上海市	28 265.97	21.76
江苏地区	南京市	8 196.73	6.31
	无锡市	10 064.86	7.75
	常州市	7 696.26	5.93
	苏州市	22 970.79	17.69
	南通市	7 372.96	5.68
	扬州市	5 648.60	4.35
	镇江市	4 798.77	3.70
	泰州市	6 118.91	4.71
浙江地区	杭州市	8 259.04	6.36
	宁波市	9 825.05	7.57
	嘉兴市	4 182.87	3.22
	绍兴市	3 685.76	2.84
	舟山市	557.29	0.43
	台州市	2 225.27	1.71
	合计	129 869.13	100.00

长三角核心区 15 个城市大中型工业企业主营业务收入总体上呈现增长态势，未出现规模萎缩的城市，如图 2-4 所示。2017 年大中型工业企业主营业务收入上海市、苏州市、无锡市、宁波市、杭州市、南京市列前六位。

2017 年，长三角核心区 15 个城市大中型工业企业平均主营业务收入为 8657.94 亿元，其中上海市、苏州市、无锡市、宁波市 4 个城市位于平均水平之上，这 4 个城市大中型工业企业主营业务收入为 71 126.67 亿元，占长三角核心区 15 个城市的 54.77%，如图 2-5 所示。

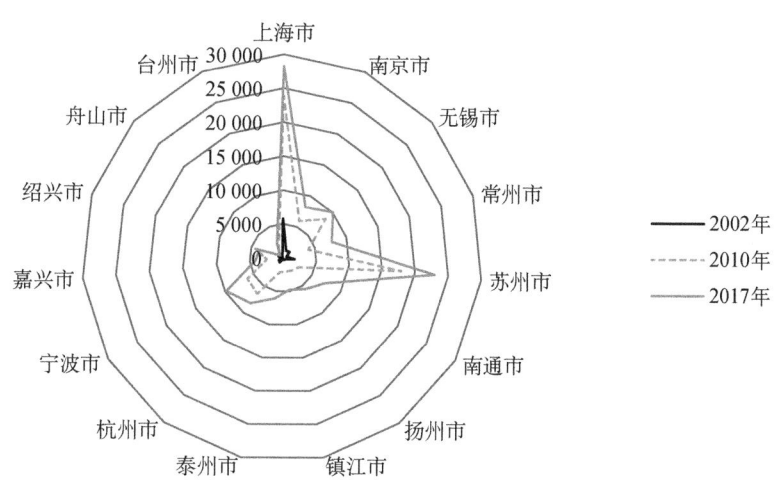

图 2-4　2002 年、2010 年、2017 年长三角核心区 15 个城市
大中型工业企业主营业务收入情况

图中数字表示大中型工业企业主营业务收入，单位为亿元

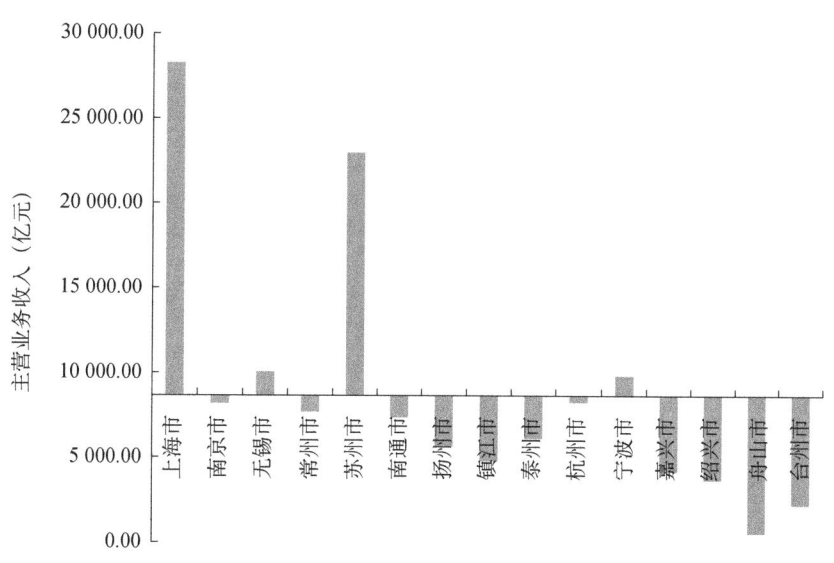

图 2-5　2017 年长三角核心区 15 个城市大中型工业企业
主营业务收入与平均值比较

2.2.2 从增速看发展

2002~2017 年，长三角核心区城市 15 个城市大中型工业企业主营业务收入保持较快增长态势，由 2002 年的 14 485.28 亿元增长到 2017 年的 129 869.13 亿元，增长了 7.97 倍，年均增长率为 15.75%，如表 2-7 所示。分地区来看，江苏地区增长较为显著，如图 2-6 所示。江苏地区泰州市、南通市和扬州市增速排名前三，大中型工业企业主营业务收入年均增长率分别为 24.48%、21.81%和 20.56%。浙江地区台州市、嘉兴市和舟山市增速排名前三，大中型工业企业主营业务收入年均增长率分别为 20.25%、20.12%和 19.71%。上海市同期大中型工业企业主营业收入增长 3.90 倍，年均增长率为 11.18%。

表 2-7 长三角核心区 15 个城市大中型工业企业主营业务收入及增长

（单位：亿元）

城市		2002 年（亿元）	2017 年（亿元）	2017 年比 2002 年增长倍数（倍）	2002~2017 年年均增长率（%）
上海市		5 768.60	28 265.97	3.90	11.18
江苏地区	南京市	1 164.26	8 196.73	6.04	13.90
	无锡市	1 339.82	10 064.86	6.51	14.39
	常州市	569.35	7 696.26	12.52	18.96
	苏州市	1 771.01	22 970.79	11.97	18.63
	南通市	382.29	7 372.96	18.29	21.81
	扬州市	342.00	5 648.60	15.52	20.56
	镇江市	308.88	4 798.77	14.54	20.07
	泰州市	229.16	6 118.91	25.70	24.48
浙江地区	杭州市	813.49	8 259.04	9.15	16.71
	宁波市	687.98	9 825.05	13.28	19.39
	嘉兴市	267.57	4 182.87	14.63	20.12
	绍兴市	663.42	3 685.76	4.56	12.11
	舟山市	37.50	557.29	13.86	19.71
	台州市	139.95	2 225.27	14.90	20.25
合计		14 485.28	129 869.13	7.97	15.75

2 大中型工业企业

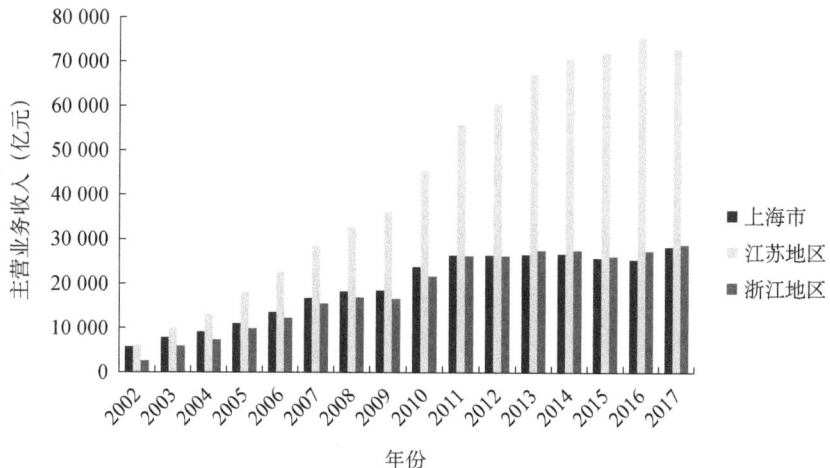

图 2-6　2002~2017 年上海市、江苏地区、浙江地区
大中型工业企业主营业务收入变化情况

2.2.3　从比值看地位

单是主营业务收入不能反映大中型工业企业的竞争力，如表 2-8 所示。可以通过在工业的占比来反映长三角工业企业的竞争力，更全面地展示长三角大中型工业企业发展的现状。表 2-9 为 2002~2017 年长三角核心区 15 个城市大中型工业企业主营业务收入占工业企业的情况。从表中可以看出，大中型工业企业主营业务收入占工业企业比重呈波动上升，由 2002 年的 54.74%增长至 2017 年的 64.68%。表 2-10 为 2017 年长三角核心区 15 个城市大中型工业企业主营业务收入占工业企业比重。从表中可以看出，除嘉兴市和绍兴市外，其他 13 个城市占比均在 50%以上。其中，南京市最高，为 74.95%；其次是上海市，为 74.56%。

表 2-8　2000~2017 年长三角核心区 16 个城市大中型工业企业主营业务收入情况

（单位：亿元）

城市		2000 年	2001 年	2002 年	2003 年	2004 年
上海市		4 477.30	4 986.83	5 768.60	7 812.87	9 179.17
江苏地区	南京市	943.67	1 043.88	1 164.26	1 724.42	2 336.67
	无锡市	895.19	1 077.90	1 339.82	2 047.23	2 711.53

续表

城市		2000年	2001年	2002年	2003年	2004年
江苏地区	常州市	354.26	472.94	569.35	805.68	827.39
	苏州市	653.72	1 467.40	1 771.01	3 658.15	5 098.04
	南通市	229.35	341.34	382.29	527.48	686.37
	扬州市	—	—	342.00	445.51	570.64
	镇江市	—	—	308.88	397.53	493.60
	泰州市	228.62	259.07	229.16	351.79	467.76
浙江地区	杭州市	655.38	698.21	813.49	2 023.66	2 715.48
	宁波市	5 930.69	6 070.86	687.98	1 559.33	1 924.60
	嘉兴市	219.52	238.46	267.57	571.88	725.70
	湖州市	—	—	—	—	—
	绍兴市	512.42	554.99	663.42	1 273.08	1 371.71
	舟山市	55.23	38.64	37.50	79.15	96.29
	台州市	115.39	120.10	139.95	410.98	526.99

城市		2005年	2006年	2007年	2008年	2009年
上海市		11 096.89	13 550.91	16 724.00	18 262.51	18 434.90
江苏地区	南京市	3 156.19	3 614.96	4 334.30	4 694.73	4 524.00
	无锡市	3 648.85	4 579.30	5 852.92	6 836.61	7 071.08
	常州市	1 124.92	1 497.08	1 955.78	2 455.55	3 121.97
	苏州市	7 339.11	9 291.62	11 650.54	12 961.67	14 507.13
	南通市	866.25	1 096.16	1 379.26	1 636.66	2 077.29
	扬州市	740.05	900.27	1 154.64	1 545.70	1 708.43
	镇江市	621.65	845.98	1 074.97	1 295.51	1 462.20
	泰州市	628.67	832.86	1 054.61	1 299.99	1 620.12
浙江地区	杭州市	3 063.25	3 918.91	4 889.48	5 265.07	5 296.05
	宁波市	2 598.35	3 367.23	4 266.93	4 788.31	4 446.43
	嘉兴市	1 071.43	1 279.87	1 622.81	1 661.38	1 749.28
	湖州市	—	—	—	—	—
	绍兴市	2 167.35	2 642.42	3 338.33	3 572.69	3 572.61
	舟山市	130.86	166.17	215.09	390.87	392.70
	台州市	801.61	948.60	1 220.22	1 220.46	1 184.38

续表

城市		2010 年	2011 年	2012 年	2013 年	2014 年
上海市		23 818.11	26 341.06	26 401.97	26 559.41	26 703.17
江苏地区	南京市	5 934.32	7 588.50	8 099.86	9 020.34	9 408.65
	无锡市	8 581.90	9 757.14	9 514.82	9 853.41	9 591.21
	常州市	3 983.72	5 140.53	5 491.14	6 161.87	6 579.91
	苏州市	17 960.69	21 006.12	21 656.79	22 423.48	22 421.53
	南通市	2 715.67	3 700.97	4 701.87	5 552.29	6 384.35
	扬州市	2 250.62	3 251.02	3 793.42	5 293.63	5 976.90
	镇江市	2 082.67	2 936.67	3 747.13	4 600.21	5 344.96
	泰州市	2 130.49	2 488.45	3 525.68	4 249.73	4 982.41
浙江地区	杭州市	6 527.43	7 756.49	7 805.38	7 552.88	7 760.08
	宁波市	6 140.16	7 626.53	7 408.72	7 891.10	7 792.43
	嘉兴市	2 418.63	3 001.70	3 113.70	3 615.85	3 622.53
	湖州市	—	—	—	—	—
	绍兴市	4 370.52	5 374.55	5 628.10	5 912.72	5 787.18
	舟山市	592.81	727.58	683.13	684.41	708.55
	台州市	1 564.88	1 789.96	1 625.35	1 794.80	1 774.36

城市		2015 年	2016 年	2017 年
上海市		25 710.02	25 352.64	28 265.97
江苏地区	南京市	8 616.88	8 832.77	8 196.73
	无锡市	9 742.33	9 632.21	10 064.86
	常州市	7 354.03	8 214.90	7 696.26
	苏州市	22 264.03	22 628.07	22 970.79
	南通市	6 911.38	7 677.69	7 372.96
	扬州市	5 873.84	6 136.40	5 648.60
	镇江市	5 690.90	6 100.37	4 798.77
	泰州市	5 506.22	6 216.16	6 118.91
浙江地区	杭州市	6 808.42	7 109.32	8 259.04
	宁波市	7 567.77	8 263.17	9 825.05
	嘉兴市	3 622.70	3 832.85	4 182.87
	湖州市	—	—	—
	绍兴市	5 672.78	5 454.78	3 685.76
	舟山市	738.35	866.74	557.29
	台州市	1 696.86	1 788.95	2 225.27

表 2-9　2002～2017 年长三角核心区 15 个城市大中型工业企业主营业务收入占工业企业比重

年份	大中型工业企业（亿元）	工业企业（亿元）	大中型工业企业占工业企业比重（%）
2002	14 485.28	26 462.86	54.74
2003	23 688.74	36 046.53	65.72
2004	29 731.94	48 635.62	61.13
2005	39 055.43	61 455.81	63.55
2006	48 532.34	76 328.33	63.58
2007	60 733.88	95 008.56	63.92
2008	67 887.71	109 448.36	62.03
2009	71 168.57	114 882.29	61.95
2010	91 072.62	144 407.89	63.07
2011	108 487.27	162 876.70	66.61
2012	113 197.06	170 149.62	66.53
2013	121 166.13	182 104.26	66.54
2014	124 838.22	190 749.82	65.45
2015	123 776.51	189 868.27	65.19
2016	128 107.02	196 827.21	65.09
2017	129 869.13	200 778.53	64.68

表 2-10　2017 年长三角核心区 15 个城市大中型工业企业主营业务收入占工业企业比重

城市		大中型工业企业（亿元）	工业企业（亿元）	大中型工业企业占工业企业比重（%）
上海市		28 265.97	37 910.50	74.56
江苏地区	南京市	8 196.73	10 936.47	74.95
	无锡市	10 064.86	15 543.76	64.75
	常州市	7 696.26	12 036.63	63.94
	苏州市	22 970.79	32 005.86	71.77
	南通市	7 372.96	14 522.32	50.77
	扬州市	5 648.60	8 876.94	63.63
	镇江市	4 798.77	6 814.50	70.42
	泰州市	6 118.91	11 941.88	51.24
浙江地区	杭州市	8 259.04	13 209.59	62.52
	宁波市	9 825.05	15 643.88	62.80
	嘉兴市	4 182.87	8 517.02	49.11
	绍兴市	3 685.76	7 520.82	49.01
	舟山市	557.29	903.46	61.68
	台州市	2 225.27	4 394.90	50.63

2.3 利　　润[①]

2.3.1 从总量看态势

利润指企业在一定会计期间的经营成果，是生产经营过程中各种收入扣除各种耗费后的盈余，反映企业在报告期内实现的盈亏总额。

2017年长三角核心区15个城市大中型工业企业利润为10 483.48亿元，如表2-11所示。其中，上海市为2613.93亿元，占比为24.93%，在15个城市中位列第一；舟山市为3.78亿元，占比为0.04%，位列倒数第一，也是15个城市中唯一的大中型工业企业利润在100亿元以下的城市。占比在10%的城市有上海市和苏州市，大中型工业企业利润在1000亿元以上的有上海市、苏州市、宁波市3个城市。江苏地区苏州市最高，为1516.41亿元，占比为14.46%，无锡市和南京市分别位列第二和第三。浙江地区宁波市最高，为1016.04亿元，占比为9.69%，杭州市和绍兴市分别位列第二和第三。

表 2-11　2017年长三角核心区15个城市大中型工业企业利润

城市		利润（亿元）	占比（%）
上海市		2 613.93	24.93
江苏地区	南京市	697.31	6.65
	无锡市	784.33	7.48
	常州市	491.28	4.69
	苏州市	1 516.41	14.46
	南通市	637.23	6.08
	扬州市	323.72	3.09
	镇江市	334.34	3.19
	泰州市	502.82	4.80
浙江地区	杭州市	733.39	7.00
	宁波市	1 016.04	9.69
	嘉兴市	323.6	3.09
	绍兴市	331.42	3.16
	舟山市	3.78	0.04
	台州市	173.88	1.66
合计		10 483.48	100.00

[①] 湖州市相关资料空缺，故本节只分析15个城市。

长三角核心区 15 个城市大中型工业企业利润总体上呈现增长态势，未出现规模萎缩的城市，如图 2-7 所示。2017 年大中型工业企业利润上海市、苏州市、宁波市、无锡市、杭州市、南京市位列前六。

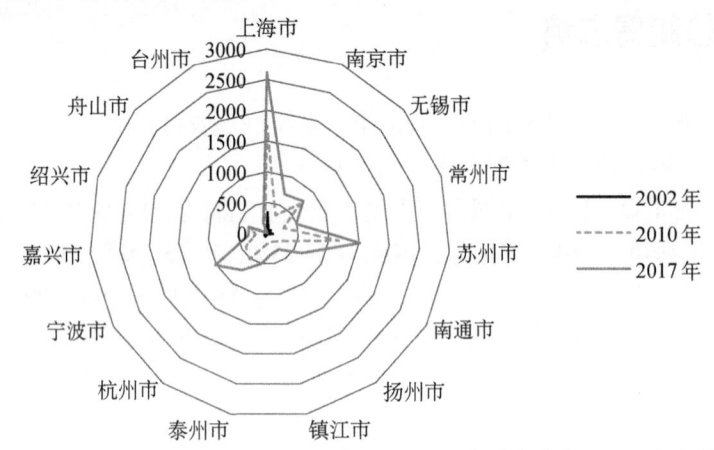

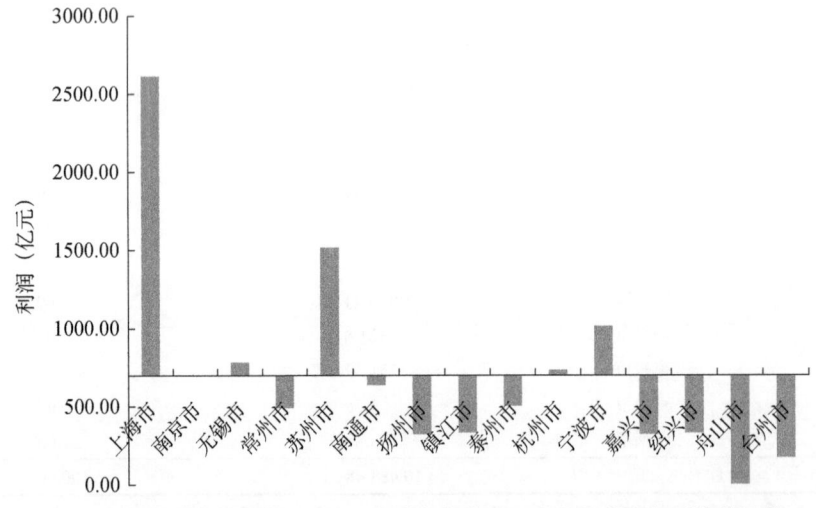

图 2-7　2002 年、2010 年、2017 年长三角核心区 15 个城市大中型工业企业利润情况
图中数字表示大中型工业企业利润，单位为亿元

2017 年，长三角核心区 15 个城市大中型工业企业利润平均值为 698.90 亿元，其中上海市、无锡市、苏州市、杭州市和宁波市 5 个城市位于平均水平之上，这 5 个城市大中型工业企业利润为 6664.10 亿元，占长三角核心区 15 个城市的 63.57%，如图 2-8 所示。

图 2-8　2017 年长三角核心区 15 个城市大中型工业企业利润与平均值比较

2.3.2 从增速看发展

2002～2017年,长三角核心区15个城市大中型工业企业利润保持较快增长态势,由2002年的825.02亿元增长到2017年的10 483.48亿元,增长了11.71倍,年均增长率为18.47%,如表2-12所示。分地区来看,江苏地区增长较为显著,如图2-9所示。江苏地区泰州市、南通市和镇江市增速排名前三,大中型工业企业利润年均增长率分别为25.71%、24.50%和23.77%。浙江地区台州市、嘉兴市和宁波市增速排名前三,大中型工业企业利润年均增长率分别为22.89%、20.94%和20.93%。上海市同期大中型工业企业利润增长了6.72倍,年均增长率为14.60%。

表 2-12 长三角核心区15个城市大中型工业企业利润及增长情况

城市		2002年（亿元）	2017年（亿元）	2002～2017年增长倍数	2002～2017年年均增长率（%）
上海市		338.57	2 613.93	6.72	14.60
江苏地区	南京市	39.86	697.31	16.49	21.02
	无锡市	71.28	784.33	10.00	17.34
	常州市	25.20	491.28	18.50	21.90
	苏州市	87.97	1 516.41	16.24	20.90
	南通市	23.80	637.23	25.77	24.50
	扬州市	15.32	323.72	20.13	22.55
	镇江市	13.65	334.34	23.49	23.77
	泰州市	16.26	502.82	29.92	25.71
浙江地区	杭州市	61.51	733.39	10.92	17.97
	宁波市	58.74	1 016.04	16.30	20.93
	嘉兴市	18.68	323.60	16.32	20.94
	绍兴市	45.06	331.42	6.36	14.23
	舟山市	1.22	3.78	2.10	7.83
	台州市	7.90	173.88	21.01	22.89
合计		825.02	10 483.48	11.71	18.47

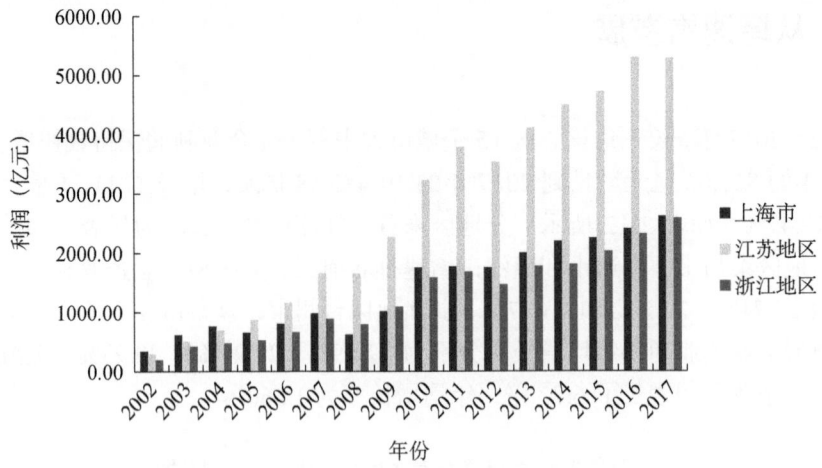

图 2-9 2002～2017 年上海市、江苏地区、浙江地区
大中型工业企业利润变化情况

2.3.3 从比值看地位

单是利润不能反映该地区的竞争力，如表 2-13 所示，可以通过在工业的占比来反映长三角工业的发展情况，更全面地展示长三角大中型工业企业的效益。表 2-14 展示了 2002～2017 年长三角核心区 15 个城市大中型工业企业利润占工业企业比重情况，显示利润占比波动上升，由 2002 年的 54.62% 提高至 2017 年的 72.47%。如表 2-15 所示，2017 年长三角核心区除舟山市外，其他 14 个城市大中型工业企业利润占工业企业比重均超过 50%；上海市最高，为 80.58%；其次是南京市，为 80.36%；舟山市最低，为 30.05%。

表 2-13 2000～2017 年长三角核心区 16 个城市大中型工业企业利润

（单位：亿元）

城市		2000 年	2001 年	2002 年	2003 年	2004 年	2005 年
上海市		302.77	338.57	338.57	615.01	764.45	653.30
江苏地区	南京市	34.36	24.54	39.86	79.08	159.29	161.82
	无锡市	44.05	59.38	71.28	116.55	145.14	181.92
	常州市	9.81	17.13	25.20	40.65	38.18	47.44
	苏州市	29.52	77.44	87.97	157.52	214.97	316.38
	南通市	15.42	18.21	23.80	37.99	47.88	57.15

续表

城市		2000年	2001年	2002年	2003年	2004年	2005年
江苏地区	扬州市	—	—	15.32	22.02	29.08	34.62
	镇江市	—	—	13.65	21.82	22.85	33.34
	泰州市	14.14	15.72	16.26	26.28	32.04	37.58
浙江地区	杭州市	42.78	56.77	61.51	142.56	170.21	153.32
	宁波市	436.42	504.36	58.74	114.41	139.68	142.78
	嘉兴市	15.32	17.64	18.68	46.08	46.59	60.50
	湖州市	—	—	—	—	—	—
	绍兴市	32.47	37.90	45.06	85.39	76.40	116.07
	舟山市	1.5	1.22	1.22	3.94	4.04	5.01
	台州市	7.39	7.09	7.90	26.01	40.22	45.26

城市		2006年	2007年	2008年	2009年	2010年	2011年
上海市		808.83	980.33	620.34	1017.59	1750.51	1768.38
江苏地区	南京市	160.90	265.67	97.65	228.54	319.13	395.55
	无锡市	245.62	357.68	398.23	548.32	703.50	874.02
	常州市	75.89	102.71	116.79	175.13	275.64	332.87
	苏州市	443.69	604.52	654.05	796.47	1158.09	1166.26
	南通市	77.37	103.60	121.20	169.12	252.12	356.00
	扬州市	58.60	75.71	83.29	92.19	169.88	251.91
	镇江市	50.93	74.80	81.38	99.46	145.37	202.50
	泰州市	46.87	68.31	95.12	156.94	204.87	200.86
浙江地区	杭州市	210.22	281.68	304.69	351.21	516.43	557.57
	宁波市	174.69	232.86	118.13	299.03	422.39	420.19
	嘉兴市	71.45	102.89	96.57	127.09	205.76	202.58
	湖州市	—	—	—	—	—	—
	绍兴市	137.02	184.58	198.58	218.65	294.71	357.92
	舟山市	7.14	14.4	20.54	18.62	38.82	28.44
	台州市	53.65	70.72	56.58	77.08	106.47	114.59

城市		2012年	2013年	2014年	2015年	2016年	2017年
上海市		1749.15	1998.03	2191.16	2244.89	2402.23	2613.93
江苏地区	南京市	355.17	644.05	529.62	493.46	628.51	697.31
	无锡市	660.66	636.66	691.24	708.11	739.49	784.33
	常州市	281.29	313.56	370.27	424.60	505.54	491.28

续表

城市		2012年	2013年	2014年	2015年	2016年	2017年
江苏地区	苏州市	995.27	1056.39	1143.86	1218.57	1380.50	1516.41
	南通市	418.07	450.97	525.18	560.42	638.76	637.23
	扬州市	257.43	358.53	424.52	413.52	399.88	323.72
	镇江市	243.30	309.32	379.33	415.35	441.63	334.34
	泰州市	322.40	343.50	428.81	483.80	554.21	502.82
浙江地区	杭州市	506.19	576.28	618.79	591.13	655.46	733.39
	宁波市	370.75	497.60	468.42	562.19	767.47	1016.04
	嘉兴市	145.63	193.97	203.74	345.15	309.50	323.60
	湖州市	—	—	—	—	—	—
	绍兴市	333.41	361.83	381.61	379.26	404.52	331.42
	舟山市	6.37	10.88	−1.44	4.94	16.62	3.78
	台州市	100.57	130.79	132.42	144.80	164.34	173.88

表2-14 2002～2017年长三角核心区15个城市大中型工业企业利润占工业企业比重

年份	大中型工业企业（亿元）	工业企业（亿元）	大中型工业企业占工业企业比重（%）
2002	825.02	1 510.52	54.62
2003	1 535.29	2 138.43	71.80
2004	1 931.04	2 758.87	69.99
2005	2 046.48	3 016.63	67.84
2006	2 622.89	3 832.44	68.44
2007	3 520.46	5 097.54	69.06
2008	3 063.15	4 731.87	64.73
2009	4 375.44	6 468.91	67.64
2010	6 563.67	9 544.26	68.77
2011	7 229.64	10 297.53	70.21
2012	6 745.65	9 736.93	69.28
2013	7 882.36	11 154.62	70.66
2014	8 487.54	11 987.70	70.80
2015	8 990.19	12 463.16	72.13
2016	10 008.64	13 934.50	71.83
2017	10 483.48	14 466.09	72.47

表 2-15 2017 年长三角核心区 15 个城市大中型工业企业利润占工业企业比重

城市		大中型工业企业（亿元）	工业企业（亿元）	大中型工业企业占工业企业比重（%）
上海市		2613.93	3243.80	80.58
江苏地区	南京市	697.31	867.69	80.36
	无锡市	784.33	1053.61	74.44
	常州市	491.28	715.99	68.62
	苏州市	1516.41	2002.15	75.74
	南通市	637.23	1128.18	56.48
	扬州市	323.72	507.25	63.82
	镇江市	334.34	441.55	75.72
	泰州市	502.82	861.66	58.35
浙江地区	杭州市	733.39	998.56	73.44
	宁波市	1016.04	1287.46	78.92
	嘉兴市	323.60	562.79	57.50
	绍兴市	331.42	504.91	65.64
	舟山市	3.78	12.58	30.05
	台州市	173.88	277.91	62.57

2.4 年平均就业人数[①]

2.4.1 从总量看态势

2017 年长三角核心区 12 个城市大中型工业企业年平均就业人数为 632.25 万人，同期全国大中型工业企业年平均就业人数为 5664.94 万人，长三角核心区 12 个城市占

---

① 苏州市、常州市、舟山市和湖州市相关资料空缺，故本节只分析 12 个城市。

比为 11.16%。2017 年长三角核心区 12 个城市大中型工业企业年平均就业人数见表 2-16。其中，上海市为 132.74 万人，占比为 20.99%，在 12 个城市中位列第一；镇江市为 25.65 万人，占比仅为 4.06%，列倒数第一。占比在 10%以上的城市有上海市、无锡市和宁波市。大中型工业企业年平均就业人数在 100 万以上的仅有上海市。江苏地区无锡市最高，为 70.61 万人，占比为 11.17%，南通市和南京市分列第二和第三。浙江地区宁波市最高，为 75.44 万人，占比为 11.93%，杭州市和嘉兴市分别位列第二和第三。

表 2-16　2017 年长三角核心区 12 个城市大中型工业企业年平均就业人数

	城市	年平均就业人数（万人）	占比（%）
	上海市	132.74	20.99
江苏地区	南京市	41.39	6.55
	无锡市	70.61	11.17
	南通市	50.45	7.98
	扬州市	36.73	5.81
	镇江市	25.65	4.06
	泰州市	32.83	5.19
浙江地区	杭州市	59.23	9.37
	宁波市	75.44	11.93
	嘉兴市	42.50	6.72
	绍兴市	35.34	5.59
	台州市	29.34	4.64
合计		632.25	100.00

长三角核心区 12 个城市大中型工业企业年平均就业人数总体上呈现增长态势，如图 2-10 所示。

2017 年，长三角核心区 12 个城市大中型工业企业年平均就业人数为 52.69 万人，其中，上海市、无锡市、杭州市和宁波市 4 个城市位于平均水平之上，这 4 个城市大中型工业企业年平均就业人数为 338.02 万人，占长三角核心区 12 个城市的 53.46%，如图 2-11 所示。

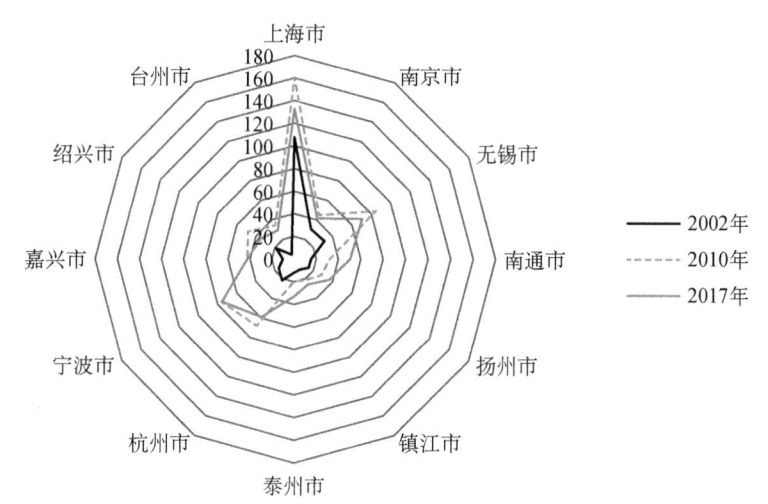

图 2-10　2002 年、2010 年、2017 年长三角核心区 12 个城市
大中型工业企业年平均就业人数情况

图中数字表示大中型工业企业年平均就业人数，单位为万人

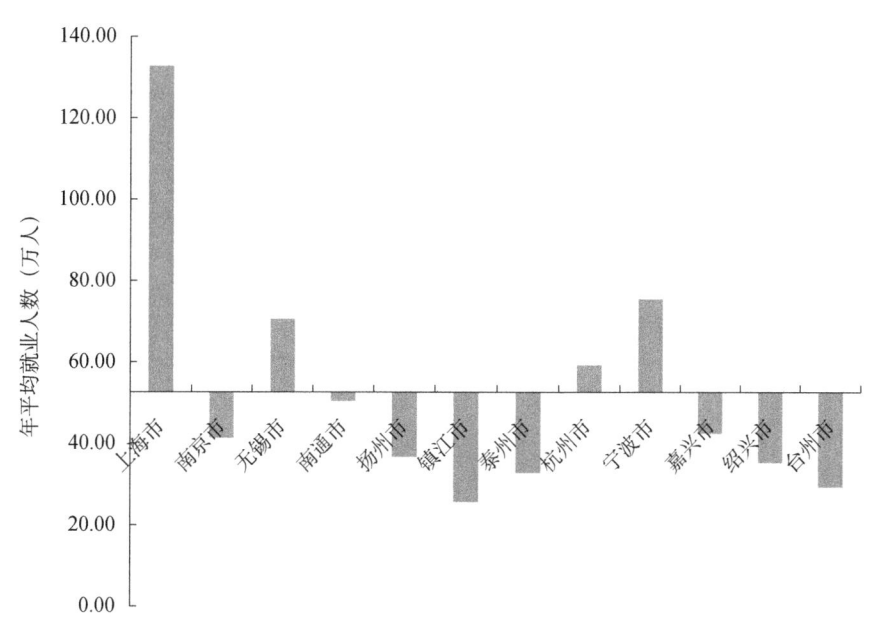

图 2-11　2017 年长三角核心区 12 个城市大中型工业企业年平均就业人数与平均值比较

2.4.2 从增速看发展

2002~2017 年,长三角核心区 12 个城市大中型工业企业年平均就业人数总体保持稳定增长态势,如表 2-17 所示。江苏地区和浙江地区波动较为显著,上海市较为平稳,如图 2-12 所示。长三角核心区 12 个城市中大中型工业企业年平均就业人数增长最显著的是台州市,15 年间从 4.53 万人增长至 29.34 万人,增长 5.48 倍,年均增长率为 13.26%。江苏地区,大中型工业企业年平均就业人数增长最快的是南通市,增长 2.30 倍,年均增长率为 8.28%,泰州市和镇江市分别位列第二和第三。浙江地区,台州市、宁波市和嘉兴市分别位列前三。上海市由 2002 年的 107.53 万人增长至 2017 年的 132.74 万人,增长 0.23 倍,年均增长率为 1.41%。

表 2-17 长三角核心区 12 个城市大中型工业企业年平均就业人数及增长

城市		2002 年	2017 年	2017 年比 2002 年增长倍数(倍)	2002~2017 年年均增长率(%)
上海市		107.53	132.74	0.23	1.41
江苏地区	南京市	30.33	41.39	0.36	2.09
	无锡市	31.64	70.61	1.23	5.50
	南通市	15.30	50.45	2.30	8.28
	扬州市	15.24	36.73	1.41	6.04
	镇江市	10.63	25.65	1.41	6.05
	泰州市	11.95	32.83	1.75	6.97
浙江地区	杭州市	21.78	59.23	1.72	6.90
	宁波市	15.93	75.44	3.74	10.92
	嘉兴市	10.22	42.50	3.16	9.97
	绍兴市	18.68	35.34	0.89	4.34
	台州市	4.53	29.34	5.48	13.26

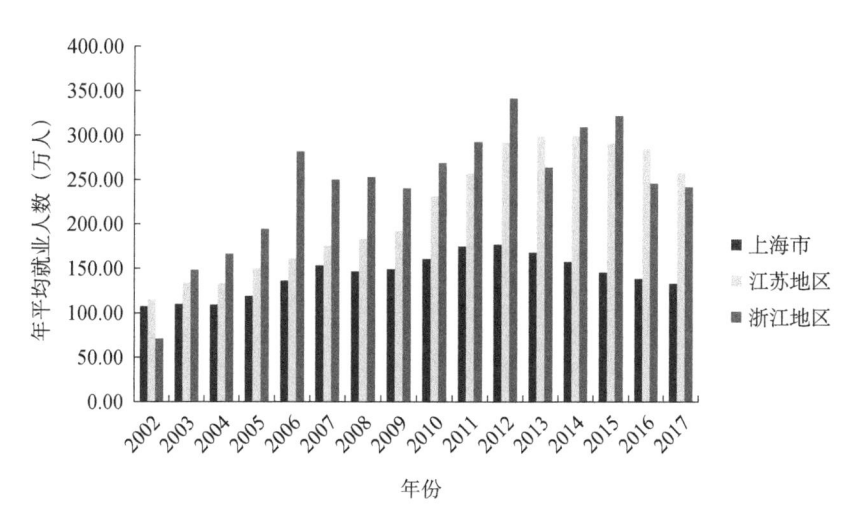

图 2-12　2002～2017 年长三角核心区 12 个城市大中型工业企业年平均就业人数变化情况

2.4.3　从比值看地位

单是地区的年平均就业人数不能反映该地区的竞争力，如表 2-18 所示。可以通过在工业的占比来反映长三角工业的竞争力，更全面地展示长三角大中型工业企业发展的现状。如表 2-19 所示，2002～2017 年长三角核心区 12 个城市大中型工业企业年平均就业人数占工业比重呈现先上升后下降的趋势，由 2002 年的 38.86% 上升至 2011 年的 73.95%，而后回落至 2017 年的 56.57%。表 2-20 为 2017 年长三角核心区 12 个城市大中型工业企业年平均就业人数占工业企业比重情况。除嘉兴市和台州市外，其他 10 个城市大中型工业企业年平均就业人数占工业企业比重均超过 50%；上海市最高，为 64.86%；其次是南京市，为 64.41%；台州市最低，为 45.85%。

表 2-18　2000～2017 年长三角核心区 16 个城市大中型工业企业年平均就业人数

（单位：万人）

	城市	2000 年	2001 年	2002 年	2003 年	2004 年	2005 年
	上海市	102.68	102.68	107.53	109.86	109.26	118.97
江苏地区	南京市	—	31.43	30.33	32.67	30.70	32.10
	无锡市	32.12	31.59	31.64	43.95	45.47	54.72
	常州市	19.64	20.47	20.09	25.74	23.16	24.74
	苏州市	24.87	33.48	35.12	75.10	86.78	132.78

续表

	城市	2000年	2001年	2002年	2003年	2004年	2005年
江苏地区	南通市	15.31	16.48	15.30	17.44	17.63	19.23
	扬州市	—	—	15.24	15.86	15.80	17.19
	镇江市	—	—	10.63	13.73	14.09	15.25
	泰州市	13.21	12.36	11.95	10.20	9.68	11.72
浙江地区	杭州市	27.83	23.86	21.78	40.49	47.07	47.90
	宁波市	17.09	16.72	15.93	40.77	46.19	53.34
	嘉兴市	10.54	10.15	10.22	21.51	24.19	31.13
	湖州市	—	—	—	—	—	—
	绍兴市	19.75	19.04	18.68	30.56	31.04	38.67
	舟山市	2.68	2.5	2.05	3.48	3.31	3.92
	台州市	4.62	4.29	4.53	15.05	17.85	23.27
	城市	2006年	2007年	2008年	2009年	2010年	2011年
	上海市	136.01	153.29	146.41	148.95	160.52	174.77
江苏地区	南京市	33.22	34.89	38.33	39.37	44.79	50.72
	无锡市	61.74	67.79	68.20	67.87	84.63	83.17
	常州市	27.54	30.31	32.52	40.28	48.22	—
	苏州市	158.84	183.90	189.80	202.82	229.98	—
	南通市	19.42	20.78	21.78	26.38	32.20	39.29
	扬州市	18.01	20.51	21.97	22.13	28.43	35.88
	镇江市	16.44	18.14	19.12	19.82	21.39	25.55
	泰州市	12.33	13.47	13.93	16.22	19.79	22.29
浙江地区	杭州市	113.32	59.94	61.05	59.82	68.09	72.32
	宁波市	63.08	69.95	72.59	67.47	75.81	83.81
	嘉兴市	35.45	40.88	42.02	38.94	42.40	47.37
	湖州市	—	—	—	—	—	—
	绍兴市	42.37	47.42	46.56	45.43	48.42	51.35
	舟山市	3.99	4.08	4.57	4	4.15	6.42
	台州市	27.51	32.02	30.71	28.67	34.12	37.33
	城市	2012年	2013年	2014年	2015年	2016年	2017年
	上海市	176.81	167.63	157.47	145.52	138.34	132.74
江苏地区	南京市	54.55	52.54	53.32	51.44	48.38	41.39
	无锡市	87.96	86.10	82.22	80.22	73.04	70.61

续表

城市		2012年	2013年	2014年	2015年	2016年	2017年
江苏地区	常州市	—	—	—	—	—	—
	苏州市	—	—	—	—	—	—
	南通市	47.33	49.66	50.81	51.30	53.97	50.45
	扬州市	44.17	49.90	48.50	43.72	43.05	36.73
	镇江市	28.40	30.86	32.85	32.16	32.60	25.65
	泰州市	29.07	29.69	31.25	32.31	33.17	32.83
浙江地区	杭州市	68.58	64.93	114.50	58.89	58.27	59.23
	宁波市	147.06	76.75	75.43	147.43	75.68	75.44
	嘉兴市	44.67	44.07	43.74	42.89	42.07	42.50
	湖州市	—	—	—	—	—	—
	绍兴市	49.00	47.92	46.16	44.76	42.32	35.34
	舟山市	—	—	—	—	—	—
	台州市	31.80	30.14	29.08	27.61	27.39	29.34

表2-19 2002～2017年长三角核心区12个城市大中型工业企业年平均就业人数占工业企业比重

年份	大中型工业企业（万人）	工业企业（万人）	大中型工业企业占工业企业比重（%）
2002	293.76	755.91	38.86
2003	392.09	829.75	47.25
2004	408.97	957.40	42.72
2005	463.47	1040.14	44.56
2006	578.90	853.66	67.81
2007	579.08	927.13	62.46
2008	582.67	966.15	60.31
2009	581.07	1280.02	45.40
2010	660.59	1087.77	60.73
2011	723.85	978.85	73.95
2012	809.40	1251.78	64.66
2013	730.19	993.32	73.51
2014	765.33	1237.83	61.83
2015	758.25	1200.19	63.18
2016	668.27	1165.19	57.35
2017	632.25	1117.64	56.57

表 2-20 2017 年长三角核心区 12 个城市大中型工业企业年平均就业人数占工业企业比重

城市		大中型工业企业（万人）	工业企业（万人）	大中型工业企业占工业企业比重（%）
上海市		132.74	204.67	64.86
江苏地区	南京市	41.39	64.26	64.41
	无锡市	70.61	117.59	60.05
	南通市	50.45	95.79	52.67
	扬州市	36.73	61.11	60.10
	镇江市	25.65	42.75	60.00
	泰州市	32.83	58.79	55.84
浙江地区	杭州市	59.23	105.57	56.10
	宁波市	75.44	148.69	50.74
	嘉兴市	42.50	85.47	49.73
	绍兴市	35.34	68.96	51.25
	台州市	29.34	63.99	45.85

3 国有工业企业

国有企业是指企业全部资产归国家所有，并按《中华人民共和国企业法人登记管理条例》规定登记注册的非公司制的经济组织。1957年以前的公私合营和私营工业，后均改造为国营工业，1992年改为国有工业，这部分工业的资料不单独分列时，均包括在国有企业内。

3.1 企 业 数[①]

3.1.1 从总量看态势

2017年长三角核心区15个城市国有工业企业数为93个，同期全国国有工业企业数为1946个，长三角核心区15个城市占比为4.78%。如表3-1所示。其中，南京市、台州市国有工业企业均为13个，在15个城市中并列第一；苏州市和舟山市国有工业企业数为2个，是15个城市中最少的2个城市。国有工业企业数在10个及以上的有南京市、台州市、镇江市、杭州市4个城市。江苏地区，南京市、镇江市和南通市分别位列前三。浙江地区，台州市、杭州市和宁波市是国有工业企业最多的3个城市。

表3-1　2017年长三角核心区15个城市国有工业企业数

城市		企业数（个）	占比（%）
江苏地区	南京市	13	13.98
	无锡市	3	3.23
	常州市	4	4.30
	苏州市	2	2.15
	南通市	6	6.45
	扬州市	5	5.38
	镇江市	10	10.75
	泰州市	4	4.30

---

① 上海市相关资料空缺，故本节只分析15个城市。

续表

城市		企业数（个）	占比（%）
浙江地区	杭州市	10	10.75
	宁波市	9	9.68
	嘉兴市	4	4.30
	湖州市	5	5.38
	绍兴市	3	3.23
	舟山市	2	2.15
	台州市	13	13.98
合计		93	100.00

2002~2017年，长三角核心区15个城市国有工业企业数总体上呈现收缩态势，如图3-1所示。

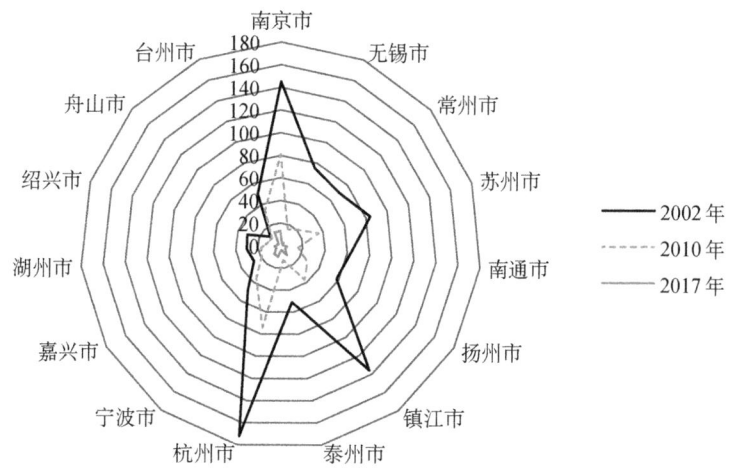

图3-1　2002年、2010年、2017年长三角核心区15个城市国有工业企业数情况

图中数字表示国有企业数，单位为个

2017年，长三角核心区15个城市国有工业企业平均数量为6.20个，其中南京市、镇江市、杭州市、宁波市和台州市5个城市位于平均水平之上，这5个城市国有工业企业数为55个，占长三角核心区15个城市的59.14%，如图3-2所示。

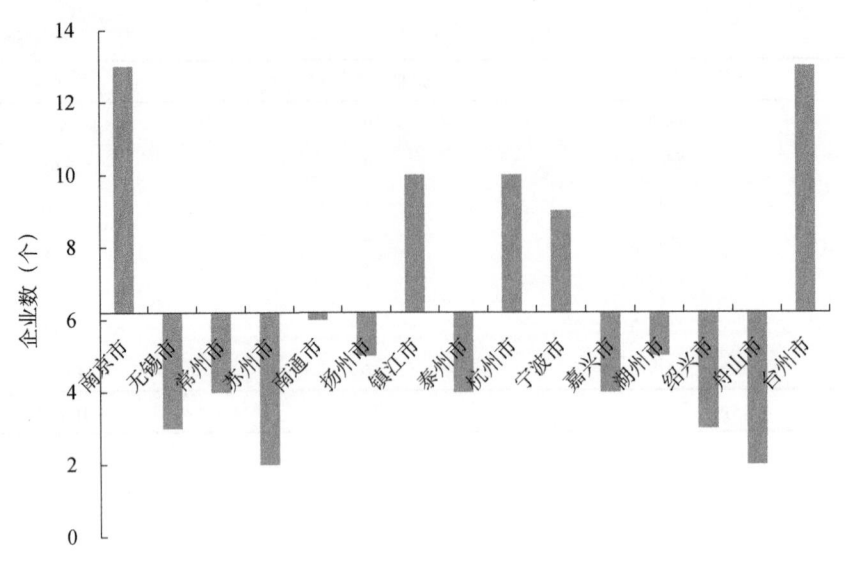

图 3-2　2017 年长三角核心区 15 个城市国有工业企业数与平均值比较

3.1.2　从增速看发展

2002～2017 年，长三角核心区 15 个城市国有工业企业数持续减少，由 2002 年的 1053 个减少到 2017 年的 93 个，减少了 960 个，如表 3-2 所示。分地区来看，江苏地区、浙江地区国有工业企业数均持续下降，如图 3-3 所示。

表 3-2　长三角核心区 15 个城市国有工业企业数及增长

城市		2002 年（个）	2017 年（个）	2017 年比 2002 年减少个数（个）
江苏地区	南京市	145	13	132
	无锡市	75	3	72
	常州市	70	4	66
	苏州市	84	2	82
	南通市	63	6	57
	扬州市	58	5	53
	镇江市	136	10	126
	泰州市	51	4	47

续表

城市		2002年（个）	2017年（个）	2017年比2002年减少个数（个）
浙江地区	杭州市	172	10	162
	宁波市	49	9	40
	嘉兴市	27	4	23
	湖州市	30	5	25
	绍兴市	31	3	28
	舟山市	12	2	10
	台州市	50	13	37
合计		1053	93	960

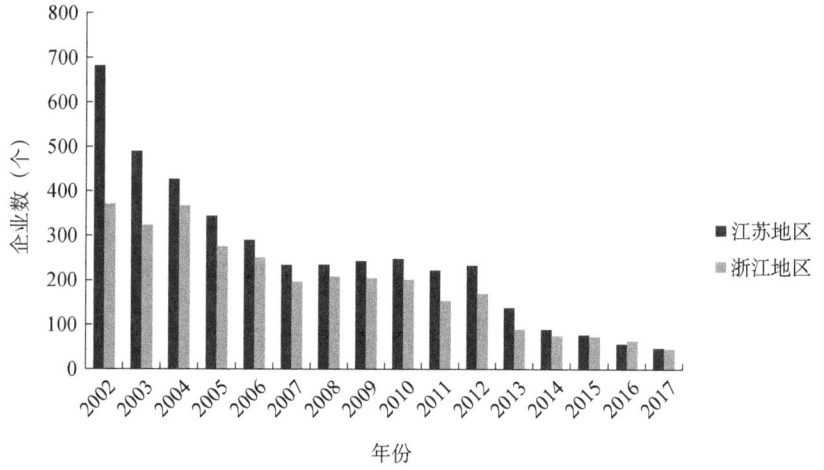

图 3-3 2002~2017年江苏地区、浙江地区国有工业企业数变化情况

3.1.3 从比值看地位

单是地区的企业数不能反映该地区的竞争力，如表 3-3 所示。可以通过在工业的占比来反映长三角工业的竞争力，更全面地展示长三角国有工业企业发展的现状。表 3-4 显示了 2002~2017 年长三角核心区 15 个城市国有工业企业数占工业企业比重情况，随着国有工业企业数的持续下降和工业企业数的持续上升，国有工业企业数占

工业企业比重持续下降,由 2002 年的 3.17%下降到 2017 年的 0.14%。表 3-5 显示了 2017 年长三角核心区 15 个城市国有工业企业数占各自工业比重情况,15 个城市占比均在 1%以下;南京市最高,为 0.55%;苏州市最低,仅 0.02%。

表 3-3　2000～2017 年长三角核心区 16 个城市国有工业企业数

(单位:个)

城市		2000 年	2001 年	2002 年	2003 年	2004 年	2005 年
上海市		1 278	925	730	579	503	387
江苏地区	南京市	216	170	145	120	114	102
	无锡市	147	98	75	64	55	35
	常州市	116	96	70	48	35	33
	苏州市	239	148	84	45	32	33
	南通市	132	93	63	39	31	23
	扬州市	—	—	58	35	29	23
	镇江市	—	—	136	105	98	68
	泰州市	70	57	51	33	33	27
浙江地区	杭州市	282	237	172	144	185	124
	宁波市	100	54	49	43	46	38
	嘉兴市	61	31	27	24	27	19
	湖州市	—	51	30	24	22	16
	绍兴市	66	46	31	30	17	20
	舟山市	—	16	12	11	23	15
	台州市	93	66	50	47	47	44
城市		2006 年	2007 年	2008 年	2009 年	2010 年	2011 年
上海市		407	343	364	295	265	191
江苏地区	南京市	89	71	89	84	81	72
	无锡市	29	24	21	20	16	19
	常州市	29	20	20	16	21	17
	苏州市	20	20	21	35	36	34
	南通市	18	14	15	14	16	12
	扬州市	17	16	17	25	28	23
	镇江市	66	53	39	38	37	34
	泰州市	22	16	13	11	13	11
浙江地区	杭州市	110	71	73	71	74	52
	宁波市	34	36	34	36	36	32
	嘉兴市	20	19	21	21	19	16

续表

城市		2006 年	2007 年	2008 年	2009 年	2010 年	2011 年
浙江地区	湖州市	14	15	25	19	17	14
	绍兴市	18	12	13	12	11	11
	舟山市	15	12	12	11	10	7
	台州市	40	32	30	35	34	21

城市		2012 年	2013 年	2014 年	2015 年	2016 年	2017 年
上海市		174	175	77	59	—	—
江苏地区	南京市	73	35	24	23	21	13
	无锡市	21	11	9	7	4	3
	常州市	22	22	7	4	4	4
	苏州市	35	17	13	12	5	2
	南通市	13	5	5	6	4	6
	扬州市	23	21	12	9	5	5
	镇江市	32	15	10	8	9	10
	泰州市	14	11	9	8	5	4
浙江地区	杭州市	56	25	22	17	15	10
	宁波市	36	17	17	18	15	9
	嘉兴市	21	7	6	6	6	4
	湖州市	15	14	6	7	6	5
	绍兴市	13	7	7	9	5	3
	舟山市	7	6	4	3	3	2
	台州市	21	13	13	13	14	13

表 3-4　2002～2017 年长三角核心区 15 个城市国有工业企业数占工业企业比重

年份	国有工业企业（个）	工业企业（个）	国有工业企业占工业企业比重（%）
2002	1 053	33 171	3.17
2003	812	38 319	2.12
2004	794	54 859	1.45
2005	620	57 106	1.09
2006	541	63 671	0.85
2007	431	72 093	0.60
2008	443	82 005	0.54
2009	448	92 774	0.48
2010	449	97 518	0.46

续表

年份	国有工业企业（个）	工业企业（个）	国有工业企业占工业企业比重（%）
2011	375	58 995	0.64
2012	402	61 597	0.65
2013	226	64 828	0.35
2014	164	65 806	0.25
2015	150	65 448	0.23
2016	121	63 985	0.19
2017	93	64 597	0.14

表 3-5　2017 年长三角核心区 15 个城市国有企业数占工业企业比重

	城市	国有工业企业（个）	工业企业（个）	国有工业企业占工业企业比重（%）
江苏地区	南京市	13	2348	0.55
	无锡市	3	5258	0.06
	常州市	4	4240	0.09
	苏州市	2	9840	0.02
	南通市	6	5131	0.12
	扬州市	5	2693	0.19
	镇江市	10	2046	0.49
	泰州市	4	2992	0.13
浙江地区	杭州市	10	5533	0.18
	宁波市	9	7570	0.12
	嘉兴市	4	5396	0.07
	湖州市	5	2945	0.17
	绍兴市	3	4494	0.07
	舟山市	2	351	0.57
	台州市	13	3760	0.35

3.2　主营业务收入

3.2.1　从总量看态势

2017 年长三角核心区 16 个城市国有工业企业主营业务收入为 1773.19 亿元，如

表3-6所示。其中，宁波市为421.27亿元，占比为23.76%，在16个城市中位列第一；无锡市为1.14亿元，占比仅为0.06%，列倒数第一。占比在10%以上的城市有宁波市、嘉兴市、绍兴市、杭州市。主营业务收入在100亿元以上的有宁波市、嘉兴市、绍兴市、杭州市、台州市、南京市6个城市。江苏地区南京市最高，为125.95亿元，占比为7.10%。浙江地区宁波市最高，为421.27亿元，占比为23.76%，嘉兴市和绍兴市分别位列第二和第三。

表3-6 2017年长三角核心区16个城市国有工业企业主营业务收入

城市		主营业务收入（亿元）	占比（%）
上海市		48.49	2.73
江苏地区	南京市	125.95	7.10
	无锡市	1.14	0.06
	常州市	11.84	0.67
	苏州市	3.55	0.20
	南通市	17.57	0.99
	扬州市	43.42	2.45
	镇江市	86.27	4.87
	泰州市	3.52	0.20
浙江地区	杭州市	184.90	10.43
	宁波市	421.27	23.76
	嘉兴市	318.54	17.96
	湖州市	80.03	4.51
	绍兴市	243.85	13.75
	舟山市	22.43	1.26
	台州市	160.42	9.05
合计		1773.19	100.00

长三角核心区16个城市国有工业企业主营业务收入总体上呈现先增长后收缩的态势，如图3-4所示。2017年宁波市、嘉兴市、绍兴市、杭州市、台州市、南京市列前六位。

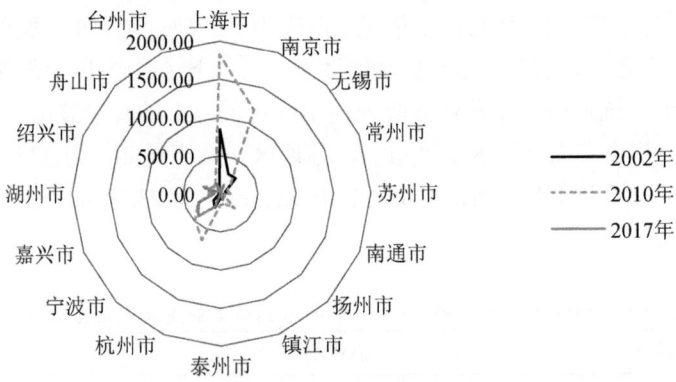

图 3-4　2002 年、2010 年、2017 年长三角核心区 16 个城市
国有工业企业主营业务收入情况

图中数字表示国有工业企业主营业务收入，单位为亿元

2017 年，长三角核心区 16 个城市平均国有工业企业主营业务收入为 110.82 亿元，其中宁波市、嘉兴市、绍兴市、杭州市、台州市、南京市 6 个城市位于平均水平之上，如图 3-5 所示。这 6 个城市国有工业企业主营业务收入为 1454.93 亿元，占长三角核心区 16 个城市的 82.05%。

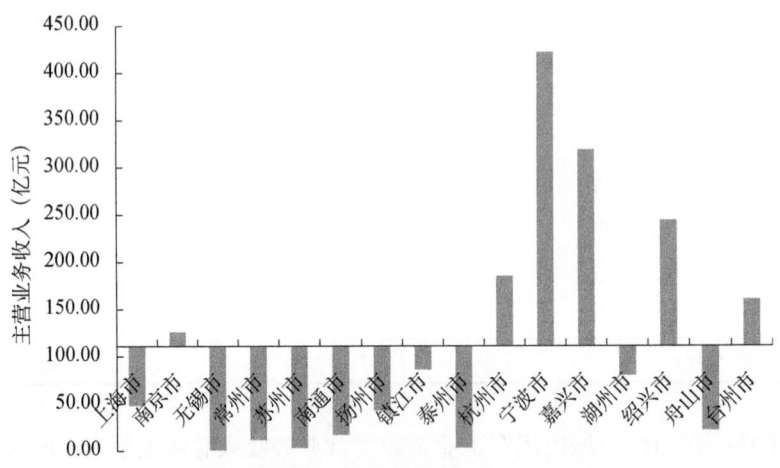

图 3-5　2017 年长三角核心区 16 个城市
国有工业企业主营业务收入与平均值比较

3.2.2 从增速看发展

2002~2017 年,长三角核心区 16 个城市国有工业企业主营业务收入保持下降态势,由 2002 年的 2247.06 亿元下降到 2017 年的 1773.19 亿元,下降了 21.09%,年均下降 1.57%,如表 3-7 所示。上海市、江苏地区下降较为显著,如图 3-6 所示。江苏地区无锡市下降最多,下降了 99.60%,年均下降超过 30 个百分点,其次是苏州市,年均下降超过 20 个百分点。浙江地区仅杭州市有小幅度下降,其他城市均呈现增长态势,嘉兴市、绍兴市、湖州市、台州市 4 个城市年均增长率均在 10% 以上。上海市下降了 94.24%,年均下降超过 15%。

表 3-7 长三角核心区 16 个城市国有工业企业主营业务收入及增长

城市		2002 年(亿元)	2017 年(亿元)	2002~2017 年增长率(%)	2002~2017 年年均增长率(%)
上海市		841.75	48.49	-94.24	-17.33
江苏地区	南京市	280.84	125.95	-55.15	-5.21
	无锡市	287.52	1.14	-99.60	-30.84
	常州市	70.24	11.84	-83.14	-11.19
	苏州市	104.26	3.55	-96.60	-20.17
	南通市	27.97	17.57	-37.18	-3.05
	扬州市	50.35	43.42	-13.76	-0.98
	镇江市	85.92	86.27	0.41	0.03
	泰州市	60.28	3.52	-94.16	-17.25
浙江地区	杭州市	196.94	184.90	-6.11	-0.42
	宁波市	130.29	421.27	223.33	8.14
	嘉兴市	17.81	318.54	1688.55	21.20
	湖州市	15.55	80.03	414.66	11.54
	绍兴市	28.01	243.85	770.58	15.52
	舟山市	13.96	22.43	60.67	3.21
	台州市	35.37	160.42	353.55	10.61
合计		2247.06	1773.19	-21.09	-1.57

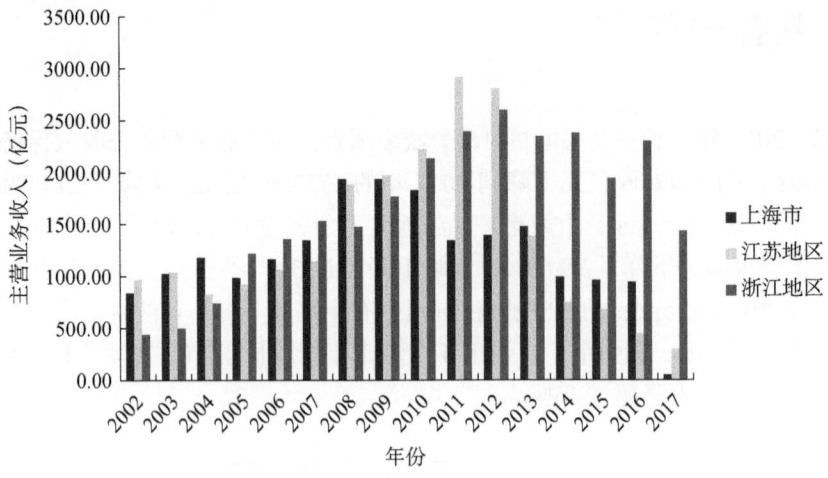

图 3-6 2002～2017 年上海市、江苏地区、浙江地区
国有工业企业主营业务收入变化情况

3.2.3 从比值看地位

单是地区的国有工业企业主营业务收入不能反映该地区的国有企业的竞争力，如表 3-8 所示。可以通过在工业的占比和在全国的占比来反映长三角国有工业企业在该地区和在全国的竞争力，更全面地展示长三角国有工业企业发展的现状。表 3-9 展示了 2002～2017 年长三角核心区 16 个城市国有工业企业主营业务收入占工业企业比重情况，总体上看是不断下降的，从 2002 年的 8.35%下降到 2017 年的 0.86%。表 3-10 展示了 2017 年长三角核心区 16 个城市国有工业企业主营业务收入占各自工业比重情况，嘉兴市占比最高，为 3.74%；其次是台州市，占比 3.65%；占比最低为无锡市和苏州市，均为 0.01%。

表 3-8 2000～2017 年长三角核心区 16 个城市国有工业企业主营业务收入

（单位：亿元）

城市		2000 年	2001 年	2002 年	2003 年	2004 年	2005 年
上海市		867.04	932.48	841.75	1025.08	1178.61	984.07
江苏地区	南京市	216.85	218.57	280.84	430.40	188.21	344.90
	无锡市	220.95	209.70	287.52	234.40	215.51	224.94

续表

	城市	2000年	2001年	2002年	2003年	2004年	2005年
江苏地区	常州市	92.78	80.45	70.24	54.62	49.75	67.98
	苏州市	160.98	127.51	104.26	81.29	68.20	8.05
	南通市	54.55	42.34	27.97	14.63	10.25	8.52
	扬州市	—	—	50.35	53.42	71.81	62.63
	镇江市	—	—	85.92	104.84	139.99	110.25
	泰州市	44.58	69.39	60.28	64.52	82.58	93.36
浙江地区	杭州市	171.48	173.82	196.94	233.10	301.94	481.51
	宁波市	80.93	101.54	130.29	143.20	207.35	216.22
	嘉兴市	—	18.95	17.81	13.96	78.61	156.13
	湖州市	31.83	19.02	15.55	17.31	16.45	75.64
	绍兴市	52.88	33.63	28.01	32.96	33.67	121.75
	舟山市	29.85	21.06	13.96	14.78	21.53	23.45
	台州市	34.72	33.34	35.37	42.21	80.43	142.52

	城市	2006年	2007年	2008年	2009年	2010年	2011年
	上海市	1161.96	1342.75	1933.38	1932.98	1822.53	1342.01
江苏地区	南京市	353.47	415.69	1075.14	986.09	1187.01	1498.66
	无锡市	256.54	310.09	337.15	330.22	197.88	299.81
	常州市	55.37	69.11	92.23	66.30	99.72	106.20
	苏州市	31.25	37.63	42.06	127.31	133.26	206.84
	南通市	6.80	8.14	9.96	11.31	36.43	57.09
	扬州市	71.68	73.44	100.79	198.29	270.15	326.31
	镇江市	158.17	107.21	109.65	119.37	145.90	199.73
	泰州市	126.24	120.85	114.93	133.98	149.07	217.95
浙江地区	杭州市	546.05	606.71	551.39	544.39	661.24	735.20
	宁波市	258.23	305.19	355.68	379.49	484.40	799.17
	嘉兴市	178.04	200.51	152.13	273.85	323.47	309.74
	湖州市	93.26	107.45	53.42	115.88	134.19	80.44
	绍兴市	145.01	166.98	193.68	202.80	241.37	264.25
	舟山市	25.84	28.37	34.99	91.50	121.82	27.73
	台州市	111.45	113.91	131.43	153.73	165.52	174.32

续表

城市		2012年	2013年	2014年	2015年	2016年	2017年
上海市		1390.74	1471.75	990.34	961.61	940.98	48.49
江苏地区	南京市	1501.65	462.92	204.66	189.71	177.82	125.95
	无锡市	208.03	155.85	141.73	115.67	113.46	1.14
	常州市	138.95	136.55	12.00	10.77	6.44	11.84
	苏州市	137.59	105.85	40.60	44.59	13.84	3.55
	南通市	12.46	11.30	11.36	18.23	9.51	17.57
	扬州市	294.53	201.89	169.56	151.13	40.83	43.42
	镇江市	250.97	138.59	69.77	62.00	72.26	86.27
	泰州市	258.03	167.10	97.26	86.78	6.31	3.52
浙江地区	杭州市	829.49	714.78	695.81	229.60	554.39	184.90
	宁波市	851.97	611.10	665.69	681.64	706.45	421.27
	嘉兴市	334.24	337.76	342.58	349.09	356.45	318.54
	湖州市	76.24	173.42	160.78	166.69	176.07	80.03
	绍兴市	286.63	300.93	309.49	313.29	292.41	243.85
	舟山市	31.82	27.18	25.23	29.26	35.98	22.43
	台州市	183.64	177.57	174.62	169.92	175.38	160.42

表3-9 2002~2017年长三角核心区16个城市国有工业企业主营业务收入占工业企业比重

年份	国有工业企业（亿元）	工业企业（亿元）	国有工业企业占工业企业比重（%）
2002	2 247.06	26 922.18	8.35
2003	2 560.72	36 635.15	6.99
2004	2 744.89	49 401.99	5.56
2005	3 121.92	62 526.60	4.99
2006	3 579.36	77 713.86	4.61
2007	4 014.03	96 769.08	4.15
2008	5 288.01	111 475.01	4.74
2009	5 667.49	117 080.38	4.84
2010	6 173.96	147 074.42	4.20
2011	6 645.45	165 766.75	4.01
2012	6 786.98	173 483.45	3.91
2013	5 194.54	185 918.65	2.79
2014	4 111.48	194 951.22	2.11
2015	3 579.98	194 281.37	1.84
2016	3 678.58	201 433.26	1.83
2017	1 773.19	205 092.39	0.86

表 3-10 2017 年长三角核心区 16 个城市国有工业企业主营业务收入占工业企业比重

城市		国有工业企业（亿元）	工业企业（亿元）	国有工业企业占工业企业比重（%）
	上海市	48.49	37 910.50	0.13
江苏地区	南京市	125.95	10 936.47	1.15
	无锡市	1.14	15 543.76	0.01
	常州市	11.84	12 036.63	0.10
	苏州市	3.55	32 005.86	0.01
	南通市	17.57	14 522.32	0.12
	扬州市	43.42	8 876.94	0.49
	镇江市	86.27	6 814.50	1.27
	泰州市	3.52	11 941.88	0.03
浙江地区	杭州市	184.90	13 209.59	1.40
	宁波市	421.27	15 643.88	2.69
	嘉兴市	318.54	8 517.02	3.74
	湖州市	80.03	4 313.86	1.86
	绍兴市	243.85	7 520.82	3.24
	舟山市	22.43	903.46	2.48
	台州市	160.42	4 394.90	3.65

3.3 利　　润[①]

3.3.1 从总量看态势

2017 年长三角核心区 15 个城市国有工业企业利润为-6.14 亿元。其中，宁波市为 17.32 亿元，在 15 个城市中位列第一；扬州市为-45.6 亿元，列倒数第一，如图 3-7 所示。江苏地区国有工业企业利润较低，扬州市、南通市、泰州市、常州市利润均为负值，其他城市也均在 5 亿元以下。浙江地区国有工业企业利润均为正值，宁波市最高，其次是嘉兴市、绍兴市。

---

① 湖州市相关资料空缺，故本节只分析 15 个城市。

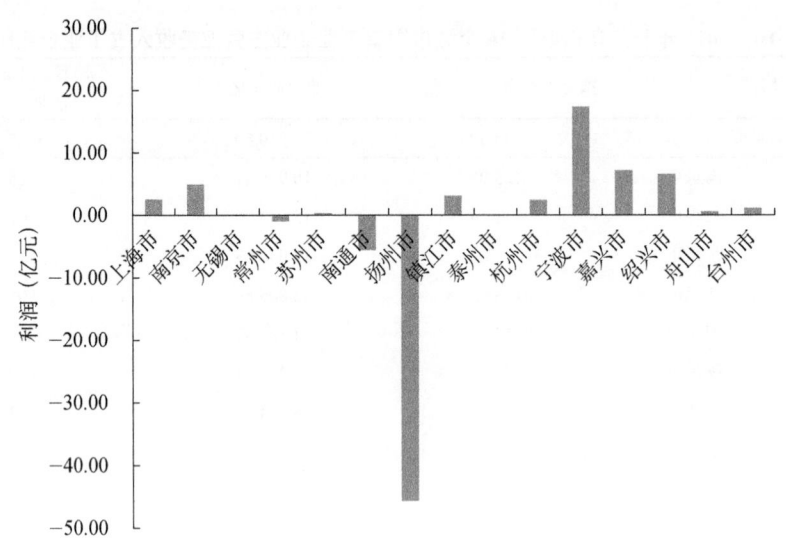

图 3-7　2017 年长三角核心区 15 个城市国有工业企业利润

长三角核心区 15 个城市国有工业企业利润总体上呈现先增长后收缩的态势，如图 3-8 所示。2017 年宁波市、嘉兴市、绍兴市、南京市、镇江市、杭州市列前六位。

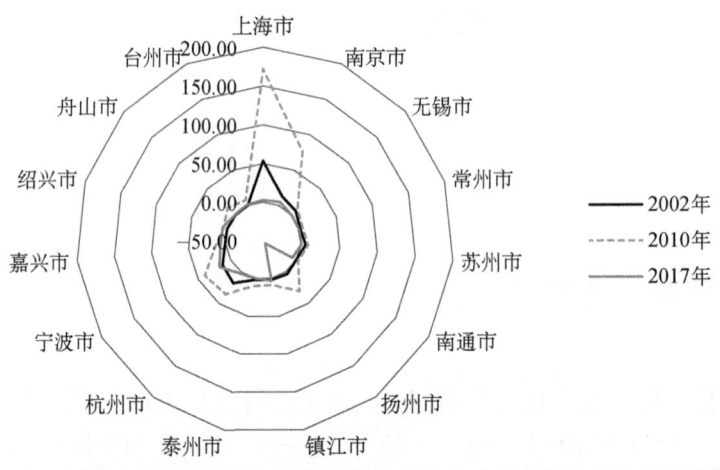

图 3-8　2002 年、2010 年、2017 年长三角核心区 15 个城市国有工业企业利润情况
图中数字表示国有工业企业利润，单位为亿元

2017 年，长三角核心区 15 个城市平均国有工业企业利润为 −0.41 亿元，其中仅扬州市、南通市、常州市位于平均水平之下，如图 3-9 所示。

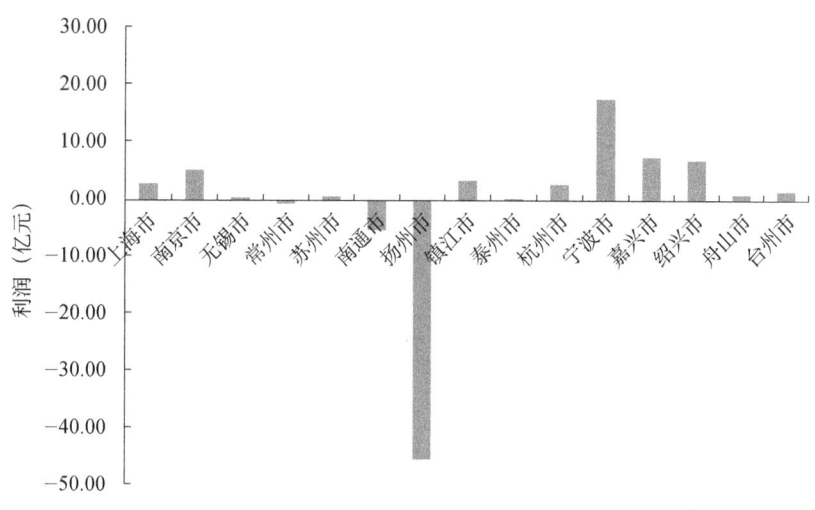

图 3-9　2017 年长三角核心区 15 个城市国有工业企业利润与平均值比较

3.3.2　从增速看发展

2002~2017 年，长三角核心区 15 个城市国有工业企业利润保持先增长后收缩的态势，由 2002 年的 119.70 亿元下降到 2017 年的-6.14 亿元，如表 3-11 所示。上海市、江苏地区、浙江地区在 2002~2010 年期间基本都保持增长态势，随后不断下降，如图 3-10 所示。上海市从 2002 年的 53.69 亿元下降到 2017 年的 2.52 亿元，下降了 95.31%。江苏地区，无锡市下降了 98.80%，年均下降达到 25.55%；其次是苏州市，下降了 94.44%。浙江地区，除杭州市外，其他 5 个城市都呈增长态势，绍兴市增长幅度最大，增长了 13.34 倍；其次是台州市，增长了 6.93 倍；杭州市下降了 86.66%。

表 3-11　长三角核心区 15 个城市国有工业企业利润及增长情况

城市		2002 年（亿元）	2017 年（亿元）	2002~2017 年增长率（%）	2002~2017 年年均增长率（%）
上海市		53.69	2.52	-95.31	-18.45
江苏地区	南京市	12.42	4.94	-60.23	-5.96
	无锡市	7.49	0.09	-98.80	-25.55
	常州市	0.93	-0.96	—	—

续表

城市		2002年（亿元）	2017年（亿元）	2002~2017年增长率（%）	2002~2017年年均增长率（%）
江苏地区	苏州市	5.76	0.32	−94.44	−17.53
	南通市	−0.13	−5.58	—	—
	扬州市	3.62	−45.60	—	—
	镇江市	2.09	3.08	47.37	2.62
	泰州市	1.82	−0.11	—	—
浙江地区	杭州市	17.99	2.40	−86.66	−12.57
	宁波市	12.43	17.32	39.34	2.24
	嘉兴市	1.28	7.18	460.94	12.18
	绍兴市	0.46	6.60	1334.78	19.43
	舟山市	−0.29	0.55	—	—
	台州市	0.14	1.11	692.86	14.80
合计		119.70	−6.14	—	—

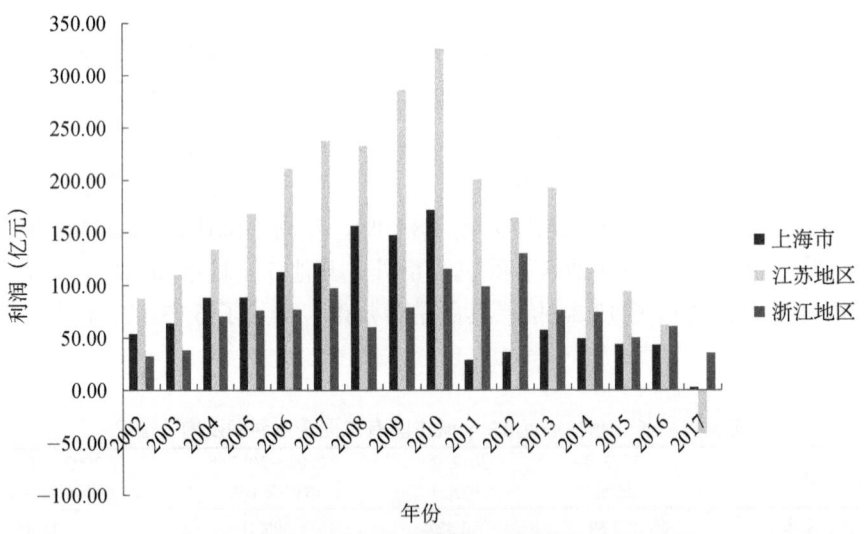

图 3-10　2002~2017年上海市、江苏地区、浙江地区国有工业企业利润变化情况

3.3.3 从比值看地位

单是国有工业企业利润不能反映该地区的国有企业的竞争力,如表 3-12 所示。可以通过在工业的占比和全国的占比来反映长三角国有工业企业在该地区和在全国的竞争力,更全面地展示长三角国有工业企业发展的现状。表 3-13 展示了 2002~2017 年长三角核心区 16 个城市国有工业企业利润占工业比重情况,总体上看呈下降趋势,从 2000 年的 7.81%下降到 2016 年的不到 1%。表 3-14 展示了 2017 年长三角核心区 11 个城市国有工业企业利润占各自工业企业利润比重情况,舟山市占比最高,为 4.37%;其次是宁波市,占比为 1.35%;占比最低为无锡市,为 0.01%。

表 3-12 2000~2017 年长三角核心区 16 个城市国有工业企业利润

(单位:亿元)

城市		2000 年	2001 年	2002 年	2003 年	2004 年	2005 年
上海市		15.69	34.78	53.69	63.93	88.29	88.45
江苏地区	南京市	7.65	10.72	12.42	21.49	20.65	59.68
	无锡市	5.57	4.80	7.49	8.90	7.61	8.43
	常州市	1.09	0.75	0.93	0.72	1.10	1.72
	苏州市	7.77	5.31	5.76	5.37	4.70	4.01
	南通市	0.38	0.09	−0.13	0.08	0.11	0.20
	扬州市	—	—	3.62	4.77	8.79	0.62
	镇江市	—	—	2.09	2.44	0.66	1.74
	泰州市	6.60	9.94	1.82	2.15	1.97	3.02
浙江地区	杭州市	9.45	15.91	17.99	24.82	34.92	31.80
	宁波市	8.40	13.00	12.43	12.60	20.60	21.70
	嘉兴市	0.51	1.31	1.28	0.40	4.82	9.63
	湖州市	—	—	—	—	—	—
	绍兴市	2.18	1.41	0.46	0.41	0.16	2.88
	舟山市	0.21	0.02	−0.29	−0.29	0.24	0.56
	台州市	0.76	0.18	0.14	0.34	9.60	9.39
城市		2006 年	2007 年	2008 年	2009 年	2010 年	2011 年
上海市		112.41	121.13	156.37	147.65	171.75	28.34
江苏地区	南京市	44.01	52.08	5.18	79.22	76.61	77.46
	无锡市	13.31	19.89	23.26	13.41	10.79	9.84
	常州市	1.01	2.43	4.87	4.01	4.26	5.19

续表

城市		2006年	2007年	2008年	2009年	2010年	2011年
江苏地区	苏州市	0.94	2.97	2.95	7.12	8.97	11.35
	南通市	0.31	0.80	0.83	0.54	2.66	3.71
	扬州市	28.52	25.12	33.40	18.59	31.00	39.58
	镇江市	8.22	10.78	3.74	6.68	8.86	11.77
	泰州市	2.45	2.30	2.33	8.71	10.21	13.72
浙江地区	杭州市	34.06	39.14	33.91	26.78	35.15	26.11
	宁波市	24.95	35.03	19.03	31.28	39.89	49.38
	嘉兴市	6.99	9.00	0.88	10.25	13.74	9.35
	湖州市	—	—	—	—	—	—
	绍兴市	2.65	6.79	5.40	2.95	5.54	6.83
	舟山市	0.70	0.39	0.17	5.35	13.45	1.13
	台州市	7.40	6.90	0.73	2.12	7.37	5.66

城市		2012年	2013年	2014年	2015年	2016年	2017年
上海市		35.59	56.90	49.23	43.71	42.95	2.52
江苏地区	南京市	28.35	56.86	18.98	20.30	14.67	4.94
	无锡市	6.42	4.01	5.43	5.28	14.27	0.09
	常州市	9.40	10.57	0.78	0.43	0.58	-0.96
	苏州市	11.75	13.84	5.11	2.94	0.74	0.32
	南通市	5.22	1.15	0.92	0.57	0.78	-5.58
	扬州市	40.72	25.23	14.95	-2.32	-23.12	-45.60
	镇江市	17.70	19.90	18.60	20.65	11.22	3.08
	泰州市	8.44	4.16	2.21	2.63	-0.05	-0.11
浙江地区	杭州市	39.07	17.07	15.81	4.31	13.24	2.40
	宁波市	66.14	41.26	39.63	27.46	29.84	17.32
	嘉兴市	7.51	6.60	6.60	6.34	7.55	7.18
	湖州市	—	—	—	—	—	—
	绍兴市	7.55	5.87	6.81	7.07	6.97	6.60
	舟山市	0.85	0.33	0.51	0.34	0.65	0.55
	台州市	8.65	4.90	4.88	4.58	2.42	1.11

表3-13 2002～2016年长三角核心区15个城市国有工业企业利润占工业企业比重

年份	国有工业企业（亿元）	工业企业（亿元）	国有工业企业占工业企业比重（%）
2002	119.70	1 533.27	7.81
2003	148.13	2 176.14	6.81
2004	204.22	2 802.21	7.29
2005	243.83	3 069.32	7.94
2006	287.93	3 900.40	7.38
2007	334.75	5 179.54	6.46
2008	293.05	4 812.01	6.09
2009	364.66	6 574.05	5.55
2010	440.25	9 688.40	4.54
2011	299.42	10 467.50	2.86
2012	293.36	9 905.34	2.96
2013	268.65	11 361.76	2.36
2014	190.45	12 228.03	1.56
2015	144.29	12 727.41	1.13
2016	122.71	14 229.76	0.86

注：2017年国有工业企业利润为负值，故不计算占比

表3-14 2017年长三角核心区11个城市国有工业企业利润占工业企业比重

地区	城市	国有工业企业（亿元）	工业企业（亿元）	国有工业企业占工业企业比重（%）
	上海市	2.52	3243.80	0.08
江苏地区	南京市	4.94	867.69	0.57
江苏地区	无锡市	0.09	1053.61	0.01
江苏地区	苏州市	0.32	2002.15	0.02
江苏地区	镇江市	3.08	441.55	0.70
浙江地区	杭州市	2.40	998.56	0.24
浙江地区	宁波市	17.32	1287.46	1.35
浙江地区	嘉兴市	7.18	562.79	1.28
浙江地区	绍兴市	6.60	504.91	1.31
浙江地区	舟山市	0.55	12.58	4.37
浙江地区	台州市	1.11	277.91	0.40

注：常州市、南通市、扬州市、泰州市利润为负值，故此处不纳入计算

3.4 年平均就业人数[①]

3.4.1 从总量看态势

2017年长三角核心区13个城市国有工业企业年平均就业人数为5.45万人。其中扬州市国有工业企业年平均就业人数为0.81万人，在13个城市中位列第一；无锡市国有工业企业年平均就业人数为0.04万人，为13个城市中最少，如表3-15所示。

表3-15 2017年长三角核心区13个城市国有工业企业年平均就业人数

城市		年平均就业人数（万人）	占比（%）
上海市		0.67	12.29
江苏地区	南京市	0.74	13.58
	无锡市	0.04	0.73
	南通市	0.28	5.14
	扬州市	0.81	14.86
	镇江市	0.49	8.99
	泰州市	0.16	2.94
浙江地区	杭州市	0.29	5.32
	宁波市	0.68	12.48
	嘉兴市	0.27	4.95
	绍兴市	0.22	4.04
	舟山市	0.24	4.40
	台州市	0.56	10.28
合计		5.45	100.00

长三角核心区13个城市国有工业企业年平均就业人数总体上呈现收缩态势，如图3-11所示。

---

① 苏州市、常州市、湖州市3个城市相关资料空缺，故本节只分析13个城市。

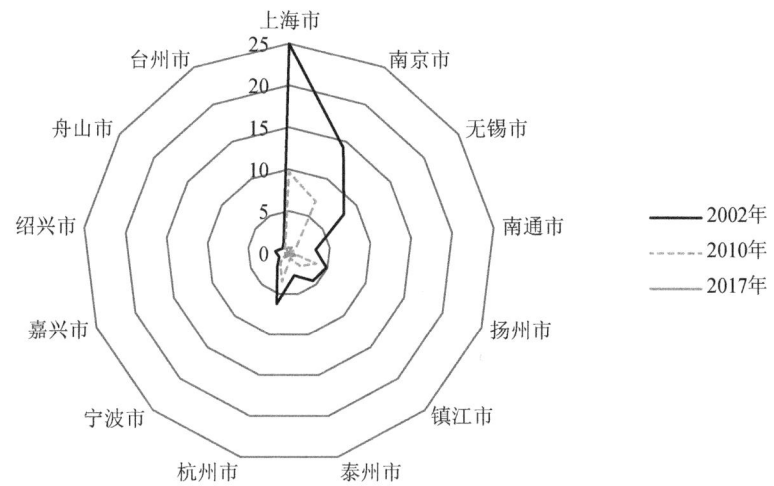

图 3-11 2002 年、2010 年、2017 年长三角核心区 13 个城市
国有工业企业年平均就业人数情况

图中数字表示国有工业企业年平均就业人数，单位为万人

2017 年，长三角核心区 13 个城市国有工业企业平均年平均就业人数为 0.42 万人，其中上海市、南京市、扬州市、镇江市、宁波市和台州市 6 个城市位于平均水平之上，这 6 个城市国有工业企业年平均就业人数为 3.95 万人，占长三角核心区 13 个城市的 72.48%，如图 3-12 所示。

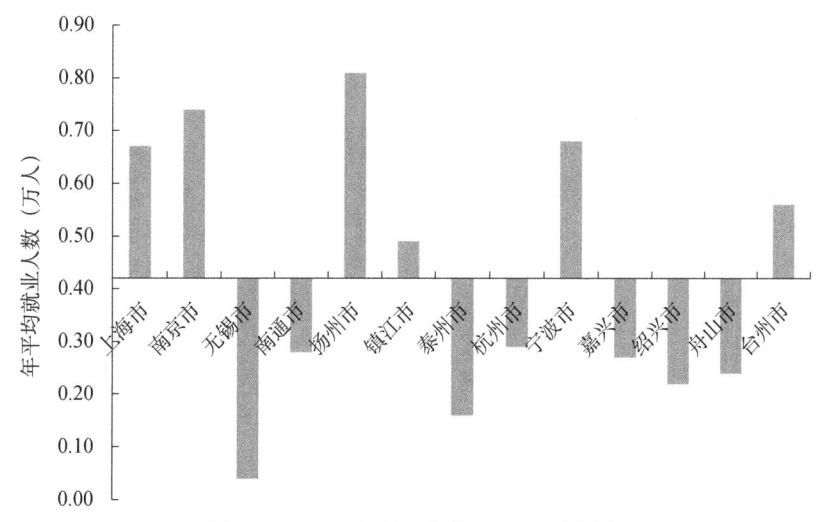

图 3-12 2017 年长三角核心区 13 个城市
国有工业企业年平均就业人数与平均值比较

3.4.2 从增速看发展

2002~2017年,随着登记注册国有工业企业数的减少,国有工业企业年平均就业人数也逐步减少,如表3-15所示,长三角核心区13个城市国有工业企业年平均就业人数由2002年的76.16万人减少到2017年的5.45万人,下降率为92.84%。分地区来看,江苏地区下降幅度较大,如图3-13所示。江苏地区中,无锡市2017年较2002年下降99.51%,下降最快,其次是南京市、泰州市、南通市,下降率均超过90%。浙江地区中,杭州市下降最快,下降幅度达到95.35%,台州市下降最少,下降了58.82%,也是13个城市中下降最少的。

表3-16 长三角核心区13个城市国有工业企业年平均就业人数及增长情况

城市		2002年	2017年	2017年比2002年下降幅度(%)	2002~2017年年均下降率(%)
	上海市	24.97	0.67	97.32	21.43
江苏地区	南京市	14.20	0.74	94.79	17.88
	无锡市	8.10	0.04	99.51	29.82
	南通市	3.28	0.28	91.46	15.13
	扬州市	4.86	0.81	83.33	11.26
	镇江市	4.41	0.49	88.89	13.63
	泰州市	2.75	0.16	94.18	17.27
浙江地区	杭州市	6.23	0.29	95.35	18.49
	宁波市	2.11	0.68	67.77	7.27
	嘉兴市	1.26	0.27	78.57	9.76
	绍兴市	1.67	0.22	86.83	12.64
	舟山市	0.96	0.24	75.00	8.83
	台州市	1.36	0.56	58.82	5.74
合计		76.16	5.45	92.84	16.12

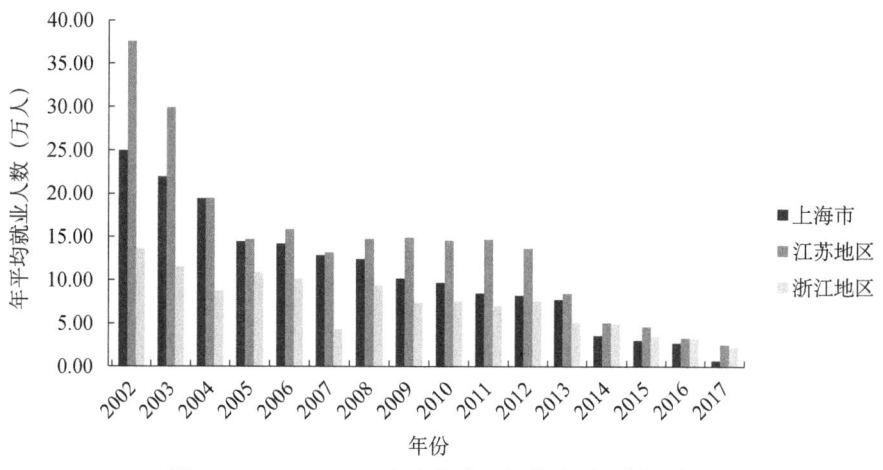

图 3-13　2002～2017 年上海市、江苏地区、浙江地区
国有工业企业年平均就业人数变化情况

3.4.3　从比值看地位

单是地区的年平均就业人数不能反映该地区的竞争力，如表 3-17 所示。可以通过在工业的占比来反映长三角工业的竞争力，更全面地展示长三角国有工业企业发展的现状。表 3-18 展示了 2002～2017 年长三角核心区 13 个城市国有年平均就业人数占工业企业比重情况，随着国有工业企业年平均就业人数的持续下降和工业企业年平均就业人数的持续上升，国有工业企业年平均就业人数占工业企业比重持续下降，由 2002 年的 7.90% 下降到 2017 年的 0.65%。表 3-19 展示了 2017 年长三角核心区 13 个城市国有工业企业年平均就业人数占各自工业比重情况，其中舟山市最高，占比为 3.33%；其次是扬州市，为 1.33%；最低的是无锡市，为 0.03%。

表 3-17　2000～2017 年长三角核心区 16 个城市国有工业企业年平均就业人数

（单位：万人）

城市		2000 年	2001 年	2002 年	2003 年	2004 年	2005 年
上海市		37.69	29.40	24.97	21.94	19.39	14.45
江苏地区	南京市	—	13.92	14.20	12.51	5.29	6.33
	无锡市	11.93	8.48	8.10	6.06	4.03	2.86
	常州市	7.92	6.07	4.80	3.76	2.07	2.31

续表

城市		2000年	2001年	2002年	2003年	2004年	2005年
江苏地区	苏州市	11.36	7.73	5.38	3.33	1.89	1.83
	南通市	6.28	4.92	3.28	1.61	1.20	0.07
	扬州市	—	—	4.86	4.04	3.69	1.30
	镇江市	—	—	4.41	3.85	3.63	3.10
	泰州市	3.60	3.38	2.75	1.83	1.57	1.04
浙江地区	杭州市	11.10	7.85	6.23	5.24	4.09	5.75
	宁波市	3.84	2.51	2.11	1.74	1.72	1.50
	嘉兴市	—	1.70	1.26	0.82	0.69	0.80
	湖州市	—	—	—	—	—	—
	绍兴市	3.89	2.16	1.67	1.47	0.38	0.38
	舟山市	—	1.42	0.96	0.95	0.85	0.87
	台州市	2.27	1.42	1.36	1.28	1.07	1.57
城市		2006年	2007年	2008年	2009年	2010年	2011年
上海市		14.17	12.85	12.40	10.15	9.67	8.44
江苏地区	南京市	5.61	5.56	7.46	7.25	6.95	6.41
	无锡市	2.54	2.01	2.03	1.78	1.02	1.26
	常州市	1.97	1.47	1.32	1.16	1.21	—
	苏州市	0.97	0.96	0.96	1.86	1.62	—
	南通市	0.33	0.26	0.27	0.26	0.32	0.38
	扬州市	3.22	2.45	2.42	2.71	3.54	3.50
	镇江市	3.30	2.21	2.01	2.33	2.06	2.25
	泰州市	0.86	0.68	0.56	0.54	0.67	0.85
浙江地区	杭州市	5.28	5.15	5.01	3.26	3.50	3.23
	宁波市	1.45	1.40	1.55	1.55	1.56	1.40
	嘉兴市	0.71	0.72	0.53	0.48	0.44	0.45
	湖州市	—	—	—	—	—	—
	绍兴市	0.38	0.35	0.43	0.43	0.45	0.45
	舟山市	0.77	0.78	0.88	0.75	0.69	0.61
	台州市	1.54	1.10	0.98	0.97	0.93	0.87
城市		2012年	2013年	2014年	2015年	2016年	2017年
上海市		8.20	7.74	3.54	3.00	2.70	0.67
江苏地区	南京市	6.09	3.04	1.95	1.48	1.20	0.74
	无锡市	1.37	0.88	0.85	0.82	0.37	0.04
	常州市	—	—	—	—	—	—
	苏州市	—	—	—	—	—	—

续表

城市		2012年	2013年	2014年	2015年	2016年	2017年
江苏地区	南通市	0.46	0.13	0.12	0.21	0.13	0.28
	扬州市	2.80	2.82	1.12	1.12	0.94	0.81
	镇江市	2.04	0.78	0.41	0.40	0.44	0.49
	泰州市	0.86	0.76	0.61	0.58	0.20	0.16
浙江地区	杭州市	3.32	1.86	1.83	0.51	0.64	0.29
	宁波市	1.79	1.19	0.98	0.87	0.79	0.68
	嘉兴市	0.50	0.34	0.37	0.30	0.35	0.27
	湖州市	—	—	—	—	—	—
	绍兴市	0.47	0.50	0.50	0.55	0.34	0.22
	舟山市	0.58	0.62	0.51	0.49	0.46	0.24
	台州市	0.93	0.59	0.76	0.73	0.68	0.56

表3-18 2002~2017年长三角核心区13个城市国有工业企业年平均就业人数占工业企业比重

年份	国有工业企业（万人）	工业企业（万人）	国有工业企业占工业企业比重（%）
2002	76.16	964.50	7.90
2003	63.34	1047.68	6.05
2004	47.60	861.36	5.52
2005	40.02	935.08	4.28
2006	40.16	975.33	2.66
2007	35.52	1289.10	2.36
2008	36.53	1098.03	3.33
2009	32.46	988.03	3.28
2010	31.80	1260.53	1.75
2011	30.10	1001.59	2.16
2012	29.41	1246.26	2.36
2013	21.25	1209.02	1.12
2014	13.55	1173.20	1.15
2015	11.06	1124.85	0.98
2016	9.24	761.41	0.86
2017	5.45	835.98	0.65

表3-19 2017年长三角核心区13个城市国有工业企业年平均就业人数占工业企业比重

城市		国有工业企业（万人）	工业企业（万人）	国有工业企业占工业企业比重（%）
上海市		0.67	204.67	0.33
江苏地区	南京市	0.74	64.26	1.15
	无锡市	0.04	117.59	0.03
	南通市	0.28	95.79	0.29
	扬州市	0.81	61.11	1.33
	镇江市	0.49	42.75	1.15
	泰州市	0.16	58.79	0.27
浙江地区	杭州市	0.29	105.57	0.27
	宁波市	0.68	148.69	0.46
	嘉兴市	0.27	85.47	0.32
	绍兴市	0.22	68.96	0.32
	舟山市	0.24	7.21	3.33
	台州市	0.56	63.99	0.88

4 集体工业企业

集体企业指企业资产归集体所有,并按《中华人民共和国企业法人登记管理条例》规定登记注册的经济组织,是社会主义公有制经济的组成部分,包括城乡所有使用集体投资举办的企业,以及部分个人通过集资自愿放弃所有权并依法经工商行政管理机关认定为集体所有制的企业。

4.1 企 业 数[①]

4.1.1 从总量看态势

2017年长三角核心区12个城市集体工业企业数为154个,同期全国集体工业企业数为1669个,长三角核心区12个城市占比为9.23%。如表4-1所示,扬州市集体工业企业数为42个,在12个城市中最多,杭州市和绍兴市集体工业企业数均为2个,是12个城市中最少的2个城市。集体工业企业数在10个及以上的有扬州市、泰州市、无锡市、镇江市、南京市和苏州市6个城市,均属于江苏地区。江苏地区扬州市、泰州市和无锡市分别位列前三,浙江地区宁波市、嘉兴市和台州市分别位列前三。

表4-1 2017年长三角核心区12个城市集体工业企业数

城市		企业数(个)	占比(%)
江苏地区	南京市	12	7.79
	无锡市	17	11.04
	苏州市	10	6.49
	南通市	9	5.84
	扬州市	42	27.27
	镇江市	16	10.39
	泰州市	31	20.13

[①] 上海市、常州市、湖州市和舟山市4个城市相关资料空缺,故本节只分析12个城市。

续表

城市		企业数（个）	占比（%）
浙江地区	杭州市	2	1.30
	宁波市	6	3.90
	嘉兴市	4	2.60
	绍兴市	2	1.30
	台州市	3	1.95
合计		154	100.00

2002～2017年，长三角核心区12个城市集体工业企业数总体上呈现收缩态势，如图4-1所示。

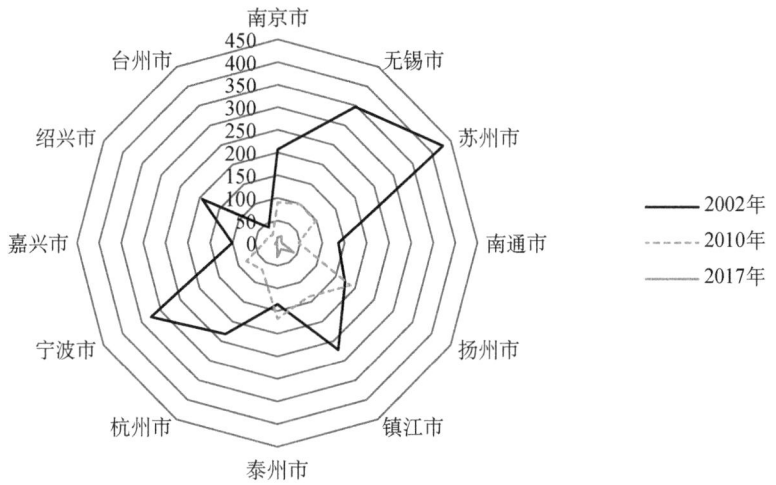

图4-1　2002年、2010年、2017年长三角核心区16个城市
集体工业企业数情况
图中数字表示集体工业企业数，单位为个

2017年，长三角核心区12个城市集体工业企业平均数量为12.83个，其中无锡市、扬州市、镇江市和泰州市4个城市位于平均水平之上，这4个城市集体工业企业数为106个，占长三角核心区12个城市的68.83%，如图4-2所示。

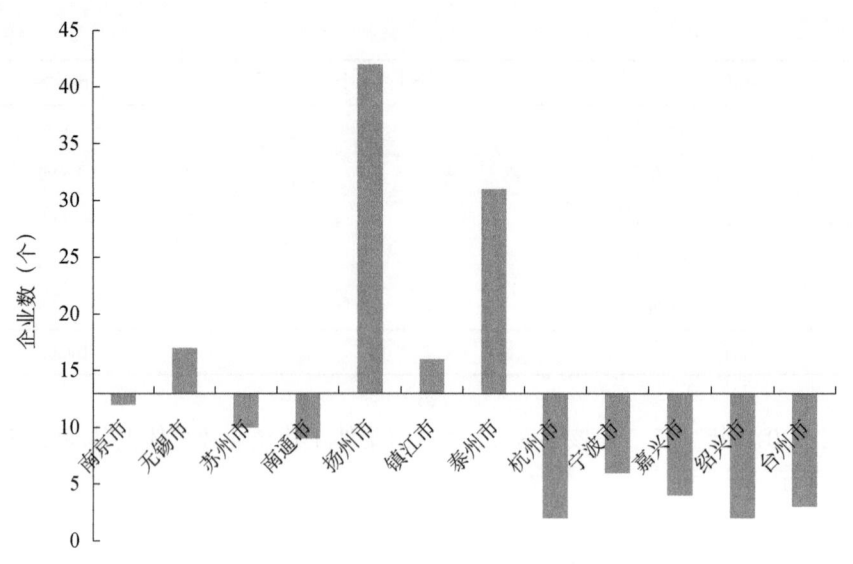

图 4-2　2017 年长三角核心区 12 个城市
集体工业企业数与平均值比较

4.1.2　从增速看发展

2002~2017 年，长三角核心区 12 个城市集体工业企业数持续下降，由 2002 年的 2593 个下降到 2017 年的 154 个，下降了 2439 个，如表 4-2 所示。江苏地区、浙江地区均呈现持续下降，如图 4-3 所示。江苏地区，苏州市从 429 个下降到 10 个，下降数量最多；其次是无锡市，下降了 330 个。浙江地区，宁波市下降数量最多，下降了 320 个；其次是杭州市，下降了 230 个。

表 4-2　长三角核心区 12 个城市集体工业企业数变化情况

城市		2002 年（个）	2017 年（个）	2017 年比 2000 年下降数（个）
江苏地区	南京市	207	12	195
	无锡市	347	17	330
	苏州市	429	10	419
	南通市	136	9	127
	扬州市	174	42	132
	镇江市	272	16	256
	泰州市	135	31	104

续表

城市		2002年（个）	2017年（个）	2017年比2000年下降数（个）
浙江地区	杭州市	232	2	230
	宁波市	326	6	320
	嘉兴市	101	4	97
	绍兴市	194	2	192
	台州市	40	3	37
合计		2593	154	2439

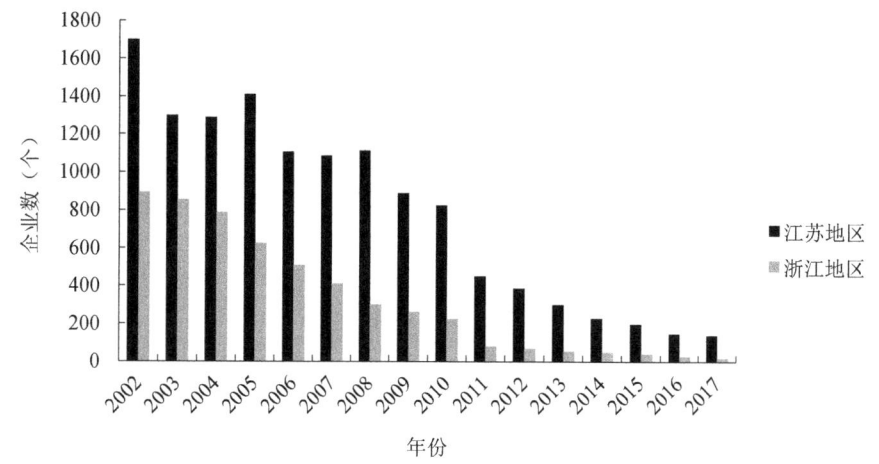

图4-3　2002~2017年江苏地区、浙江地区集体工业企业数变化情况

4.1.3　从比值看地位

单是企业数不能反映地区的竞争力，如表4-3所示。可以通过在工业的占比来反映长三角工业的竞争力，更全面地展示长三角集体工业企业发展的现状。表4-4展示了2002~2017年长三角核心区12个城市集体工业企业数占工业企业比重情况，随着集体工业企业数的持续下降和工业企业数的持续上升，集体企业数占工业企业比重持续下降，由2002年的8.86%下降到2017年的0.27%。表4-5展示了2017年长三角核心区12个城市集体工业企业数占各自工业企业比重情况，除扬州市和泰州市外，其他10个城市占比均低于1%。扬州市最高，为1.56%；其次是泰州市，为1.04%；杭州市和绍兴市最低，为0.04%。

表4-3　2000～2017年长三角核心区16个城市集体工业企业数

（单位：个）

城市		2000年	2001年	2002年	2003年	2004年	2005年
上海市		1678	1569	1362	1325	1383	1058
江苏地区	南京市	324	264	207	188	166	155
	无锡市	638	469	347	319	288	269
	常州市	368	307	258	173	238	150
	苏州市	693	538	429	198	189	247
	南通市	226	184	136	106	125	125
	扬州市	—	—	174	193	207	244
	镇江市	—	—	272	186	195	181
	泰州市	203	171	135	110	120	191
浙江地区	杭州市	598	252	232	219	192	169
	宁波市	534	392	326	321	306	236
	嘉兴市	181	101	101	102	92	77
	湖州市	—	130	113	79	84	70
	绍兴市	495	300	194	174	147	113
	舟山市	—	33	12	9	17	13
	台州市	75	51	40	39	49	29
城市		2006年	2007年	2008年	2009年	2010年	2011年
上海市		911	837	760	628	525	172
江苏地区	南京市	104	93	115	98	90	48
	无锡市	205	185	155	97	99	55
	常州市	142	134	108	28	28	7
	苏州市	162	135	140	115	97	50
	南通市	85	83	85	48	47	27
	扬州市	213	244	244	203	188	128
	镇江市	166	186	198	156	137	53
	泰州市	171	159	175	172	167	89
浙江地区	杭州市	162	131	101	84	68	25
	宁波市	195	155	110	90	80	26
	嘉兴市	59	51	40	38	30	13
	湖州市	66	74	50	45	36	19
	绍兴市	66	48	32	26	24	9
	舟山市	15	15	13	12	15	2
	台州市	25	25	17	23	21	7

续表

城市		2012 年	2013 年	2014 年	2015 年	2016 年	2017 年
上海市		155	157	92	73	—	—
江苏地区	南京市	42	33	25	20	17	12
	无锡市	45	32	27	23	19	17
	常州市	7	7	4	4	1	—
	苏州市	36	26	19	12	10	10
	南通市	20	15	13	11	11	9
	扬州市	121	97	59	56	50	42
	镇江市	53	44	39	34	27	16
	泰州市	69	53	44	40	11	31
浙江地区	杭州市	20	11	9	5	4	2
	宁波市	23	15	11	11	8	6
	嘉兴市	12	7	9	6	5	4
	湖州市	15	15	5	3	—	—
	绍兴市	9	8	5	4	5	2
	舟山市	3	4	4	2	1	—
	台州市	4	14	14	14	4	3

表 4-4 2002～2017 年长三角核心区 12 个城市集体工业企业数占工业企业比重

年份	集体工业企业（个）	工业企业（个）	集体工业企业占工业企业比重（%）
2002	2 593	29 279	8.86
2003	2 155	33 878	6.36
2004	2 076	48 113	4.31
2005	2 036	51 176	3.98
2006	1 613	56 623	2.85
2007	1 495	64 227	2.33
2008	1 412	73 121	1.93
2009	1 150	82 314	1.40
2010	1 048	86 923	1.21
2011	530	52 690	1.01
2012	454	54 917	0.83
2013	355	58 037	0.61
2014	274	58 344	0.47
2015	236	58 062	0.41
2016	171	56 665	0.30
2017	154	57 061	0.27

表 4-5　2017 年长三角核心区 12 个城市集体工业企业数占工业企业比重

城市		集体工业企业（个）	工业企业（个）	集体工业企业占工业企业比重（%）
江苏地区	南京市	12	2348	0.51
	无锡市	17	5258	0.32
	苏州市	10	9840	0.10
	南通市	9	5131	0.18
	扬州市	42	2693	1.56
	镇江市	16	2046	0.78
	泰州市	31	2992	1.04
浙江地区	杭州市	2	5533	0.04
	宁波市	6	7570	0.08
	嘉兴市	4	5396	0.07
	绍兴市	2	4494	0.04
	台州市	3	3760	0.08

4.2　主营业务收入

4.2.1　从总量看态势

2016 年长三角核心区 16 个城市集体工业企业主营业务收入为 515.96 亿元，如表 4-6 所示。其中，无锡市为 180.30 亿元，占比为 34.94%，在 16 个城市中位列第一，也是唯一的集体工业企业主营业务收入在 100 亿元以上的城市；舟山市为 0.21 亿元，占比仅为 0.04%。占比在 10%以上的城市仅无锡市、南京市、扬州市。江苏地区无锡最高，其次是扬州市和南京市，分别位列第二和第三。浙江地区宁波市最高，为 7.29 亿元，占比为 1.41%，绍兴市和嘉兴市分别位列第二和第三。

表 4-6　2016 年长三角核心区 16 个城市集体工业企业主营业务收入

城市		主营业务收入（亿元）	占比（%）
上海市		39.60	7.68
江苏地区	南京市	70.96	13.75
	无锡市	180.30	34.94

续表

	城市	主营业务收入（亿元）	占比（%）
江苏地区	常州市	45.25	8.77
	苏州市	7.12	1.38
	南通市	12.76	2.47
	扬州市	71.41	13.84
	镇江市	31.32	6.07
	泰州市	41.98	8.14
浙江地区	杭州市	1.23	0.24
	宁波市	7.29	1.41
	嘉兴市	1.46	0.28
	湖州市	0.80	0.16
	绍兴市	2.98	0.58
	舟山市	0.21	0.04
	台州市	1.29	0.25
合计		515.96	100.00

长三角核心区 16 个城市集体工业企业主营业务收入总体上呈现先增长后萎缩的态势，如图 4-4 所示。2016 年无锡市、扬州市、南京市、常州市、泰州市、上海市列前六位。

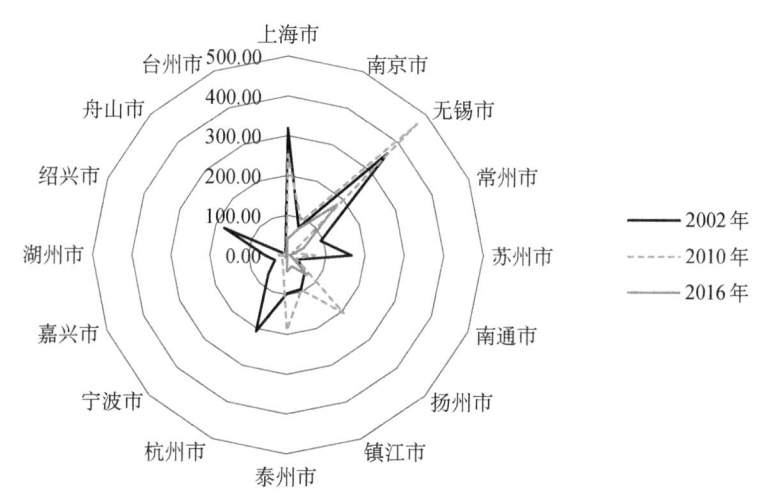

图 4-4 2002 年、2010 年、2016 年长三角核心区 16 个城市集体工业企业主营业务收入情况

图中数字表示集体工业企业主营业务收入，单位为亿元

2016年，长三角核心区16个城市平均集体工业企业主营业务收入为32.25亿元，其中无锡市、扬州市、南京市、常州市、泰州市、上海市6个城市位于平均水平之上，这6个城市集体工业企业主营业务收入为449.50亿元，占长三角核心区16个城市的87.12%，如图4-5所示。

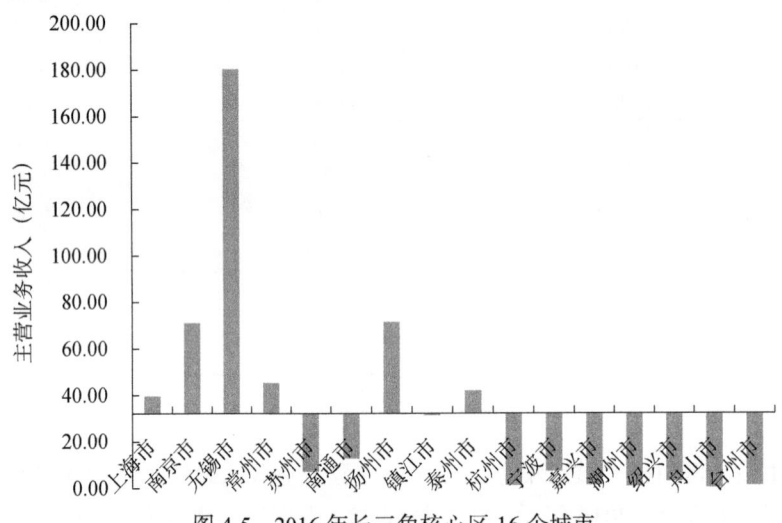

图4-5 2016年长三角核心区16个城市
集体工业企业主营业务收入与平均值比较

4.2.2 从增速看发展

2002~2016年，长三角核心区16个城市集体工业企业主营业务收入保持下降态势，由2002年的1854.83亿元下降到2016年的515.96亿元，下降了72.18%，年均下降8.73%，如表4-7和图4-6所示。江苏地区仅扬州市呈上升态势，2002~2016年上升了13.51%，下降幅度最大的是苏州市，降幅高达95.69%。浙江地区下降较为显著，除宁波市和台州市外，其他城市下降幅度均超过90%，宁波市和台州市下降也近90%。

表4-7 长三角核心区16个城市集体工业企业主营业务收入及增长

城市		2002年（亿元）	2016年（亿元）	2002~2016年增长率（%）	2002~2016年年均增长率（%）
上海市		318.60	39.60	-87.57	-13.84
江苏地区	南京市	74.62	70.96	-4.90	-0.36
	无锡市	361.57	180.30	-50.13	-4.85

4 集体工业企业

续表

城市		2002年 （亿元）	2016年 （亿元）	2002~2016年 增长率（%）	2002~2016年 年均增长率（%）
江苏 地区	常州市	93.03	45.25	-51.36	-5.02
	苏州市	165.23	7.12	-95.69	-20.12
	南通市	28.97	12.76	-55.95	-5.69
	扬州市	62.91	71.41	13.51	0.91
	镇江市	93.60	31.32	-66.54	-7.52
	泰州市	97.20	41.98	-56.81	-5.82
浙江 地区	杭州市	207.80	1.23	-99.41	-30.68
	宁波市	67.80	7.29	-89.25	-14.73
	嘉兴市	33.68	1.46	-95.67	-20.08
	湖州市	57.95	0.80	-98.62	-26.35
	绍兴市	177.16	2.98	-98.32	-25.30
	舟山市	2.32	0.21	-90.95	-15.77
	台州市	12.39	1.29	-89.59	-14.92
合计		1854.83	515.96	-72.18	-8.73

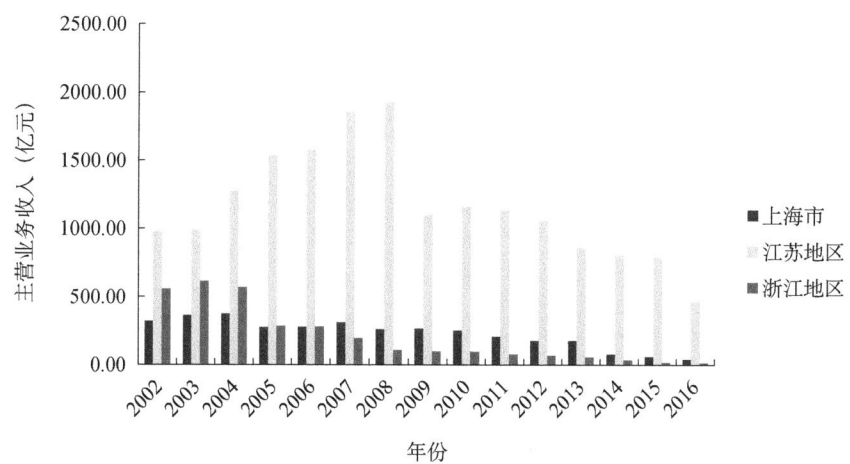

图 4-6　2002~2016 年上海市、江苏地区、浙江地区
集体工业企业主营业务收入变化情况

4.2.3 从比值看地位

单是主营业务收入不能反映地区的竞争力,如表 4-8 所示。可以通过在工业的占比来反映长三角核心区 16 个城市集体工业企业的竞争力,更全面地展示长三角集体工业企业发展的现状。如表 4-9 所示,2002~2016 年长三角核心区 16 个城市集体工业企业主营业务收入占工业企业比重,总体上是呈现下降趋势的,从 2002 年的 6.89%下降到 2016 年的 0.25%。表 4-10 为 2016 年长三角核心区 16 个城市集体工业企业主营业务收入占各自工业企业比重情况,无锡市占比最高,为 1.28%;其次是扬州市,占比为 0.74%;占比最低为杭州市,占比为 0.01%。

表 4-8　2000~2017 年长三角核心区 16 个城市集体工业企业主营业务收入

(单位:亿元)

	城市	2000 年	2001 年	2002 年	2003 年	2004 年	2005 年
	上海市	400.70	350.60	318.60	362.20	374.20	275.00
江苏地区	南京市	96.45	79.79	74.62	79.47	62.81	79.10
	无锡市	504.54	416.06	361.57	489.00	669.12	842.23
	常州市	164.90	149.33	93.03	73.22	85.36	75.28
	苏州市	358.76	202.12	165.23	58.58	74.72	142.53
	南通市	48.55	41.35	28.97	25.75	42.17	38.23
	扬州市	—	—	62.91	73.43	99.24	113.32
	镇江市	—	—	93.60	79.85	98.79	106.76
	泰州市	87.09	97.02	97.20	110.35	143.43	140.51
浙江地区	杭州市	218.00	187.47	207.80	237.61	302.39	57.32
	宁波市	146.95	76.30	67.80	76.46	63.39	55.04
	嘉兴市	—	31.30	33.68	35.40	13.68	20.28
	湖州市	112.20	80.72	57.95	50.71	42.01	20.11
	绍兴市	378.16	280.50	177.16	199.95	114.66	93.25
	舟山市	9.58	—	2.32	1.11	2.98	1.69
	台州市	24.36	21.53	12.39	12.46	32.23	36.53
	城市	2006 年	2007 年	2008 年	2009 年	2010 年	2011 年
	上海市	277.60	310.40	261.20	265.80	252.10	206.00
江苏地区	南京市	98.89	118.05	87.60	74.35	91.07	94.01
	无锡市	921.66	1029.73	1058.06	441.78	466.73	489.41
	常州市	98.87	119.48	96.80	25.28	14.12	5.89

续表

	城市	2006年	2007年	2008年	2009年	2010年	2011年
江苏地区	苏州市	89.85	97.21	95.01	122.59	70.91	61.80
	南通市	32.19	50.07	71.96	25.67	23.97	25.01
	扬州市	106.12	166.68	191.92	160.28	206.62	200.64
	镇江市	110.09	143.64	180.63	95.17	95.55	69.66
	泰州市	121.87	131.79	142.26	157.63	189.96	185.45
浙江地区	杭州市	63.79	49.25	36.08	33.81	27.52	16.44
	宁波市	51.26	41.73	25.53	17.39	18.79	15.58
	嘉兴市	19.05	18.86	7.77	6.77	7.73	5.93
	湖州市	22.93	26.52	17.18	22.13	21.93	18.90
	绍兴市	76.95	36.68	17.25	11.86	14.08	13.85
	舟山市	2.21	2.05	1.91	1.33	2.80	1.60
	台州市	43.17	18.73	2.95	4.72	4.58	4.28

	城市	2012年	2013年	2014年	2015年	2016年	2017年
上海市		175.70	177.10	77.70	59.30	39.60	31.20
江苏地区	南京市	75.78	73.36	73.12	67.09	70.96	52.25
	无锡市	510.50	423.79	425.21	397.92	180.30	145.61
	常州市	5.85	6.53	31.87	35.92	45.25	—
	苏州市	28.16	19.32	14.60	7.96	7.12	6.79
	南通市	16.02	11.90	12.45	11.76	12.76	10.58
	扬州市	195.76	168.50	78.37	73.09	71.41	66.92
	镇江市	67.12	47.25	47.28	38.65	31.32	7.53
	泰州市	161.40	108.61	120.10	154.92	41.98	131.91
浙江地区	杭州市	17.82	3.94	3.15	1.38	1.23	0.06
	宁波市	11.54	7.42	8.33	8.47	7.29	2.46
	嘉兴市	4.90	2.38	3.01	1.42	1.46	1.22
	湖州市	26.54	36.71	15.03	1.24	0.80	—
	绍兴市	6.07	4.18	2.88	1.77	2.98	1.04
	舟山市	0.88	1.95	2.08	0.56	0.21	—
	台州市	0.86	0.90	0.97	1.25	1.29	1.46

表4-9　2002～2016年长三角核心区16个城市集体工业企业主营业务收入占工业企业比重情况

年份	集体工业企业（亿元）	工业企业（亿元）	集体工业企业占工业企业比重（%）
2002	1 854.83	26 922.18	6.89
2003	1 965.55	36 635.15	5.37
2004	2 221.18	49 401.99	4.50
2005	2 097.18	62 526.60	3.35
2006	2 136.50	77 713.86	2.75
2007	2 360.87	96 769.08	2.44
2008	2 294.11	111 475.01	2.06
2009	1 466.56	117 080.38	1.25
2010	1 508.46	147 074.42	1.03
2011	1 414.45	165 766.75	0.85
2012	1 304.90	173 483.45	0.75
2013	1 093.84	185 918.65	0.59
2014	916.15	194 951.22	0.47
2015	862.70	194 281.37	0.44
2016	515.96	201 433.26	0.26

表4-10　2016年长三角核心区16个城市集体工业企业主营业务收入占工业企业比重

	城市	集体工业企业（亿元）	工业企业（亿元）	集体工业企业占工业企业比重（%）
	上海市	39.60	34 315.15	0.12
江苏地区	南京市	70.96	12 442.36	0.57
	无锡市	180.30	14 120.24	1.28
	常州市	45.25	12 435.86	0.36
	苏州市	7.12	30 380.18	0.02
	南通市	12.76	14 650.80	0.09
	扬州市	71.41	9 603.07	0.74
	镇江市	31.32	8 632.13	0.36
	泰州市	41.98	12 139.45	0.35
浙江地区	杭州市	1.23	12 367.54	0.01
	宁波市	7.29	13 639.71	0.05
	嘉兴市	1.46	7 589.37	0.02

续表

城市		集体工业企业（亿元）	工业企业（亿元）	集体工业企业占工业企业比重（%）
浙江地区	湖州市	0.80	4 606.05	0.02
	绍兴市	2.98	9 337.98	0.03
	舟山市	0.21	1 379.82	0.02
	台州市	1.29	3 794.15	0.03

4.3 利　　润[①]

4.3.1 从总量看态势

2016年长三角核心区15个城市集体工业企业利润为26.384亿元，如表4-11所示。其中，无锡市为11.13亿元，占比为42.18%，在15个城市中位列第一，也是唯一的集体工业企业利润在10亿元以上的城市；苏州市为-0.04亿元，是15个城市中最低的。占比在10%以上的城市除无锡市外，仅扬州市、泰州市。江苏地区无锡最高，其次是扬州市和泰州市，分别位列第二和第三。浙江地区宁波市最高，为0.68亿元，占比为2.58%，台州市和绍兴市分别位列第二和第三。

表4-11　2016年长三角核心区15个城市集体工业企业利润

城市		利润（亿元）	占比（%）
上海市		1.73	6.56
江苏地区	南京市	2.22	8.41
	无锡市	11.13	42.18
	常州市	0.19	0.72
	苏州市	-0.04	-0.15
	南通市	0.68	2.58

---

① 湖州市相关资料空缺，故本节只分析15个城市。

续表

	城市	利润（亿元）	占比（%）
江苏地区	扬州市	3.88	14.71
	镇江市	1.62	6.14
	泰州市	3.69	13.99
浙江地区	杭州市	0.07	0.27
	宁波市	0.68	2.58
	嘉兴市	0.06	0.23
	绍兴市	0.19	0.72
	舟山市	0.004	0.02
	台州市	0.28	1.06
合计		26.384	100.00

长三角核心区 15 个城市集体工业企业利润总体上呈现先增长后萎缩的态势，如图 4-7 所示。2016 年无锡市、扬州市、泰州市、南京市、上海市、镇江市列前六位。

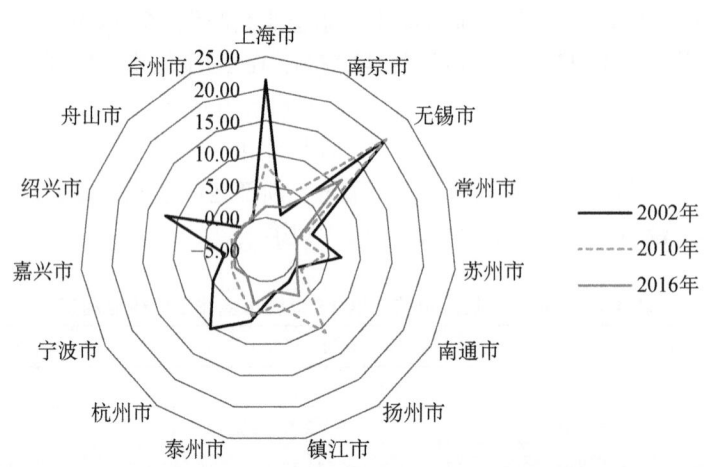

图 4-7 2002 年、2010 年、2016 年长三角核心区 15 个城市集体工业企业利润情况
图中数字表示集体工业企业利润，单位为亿元

2016 年，长三角核心区 15 个城市平均集体工业企业利润为 1.76 亿元，其中无锡市、扬州市、泰州市、南京市 4 个城市位于平均水平之上，这 4 个城市集体工业企业利润为 20.92 亿元，占长三角核心区 15 个城市的 79.29%，如图 4-8 所示。

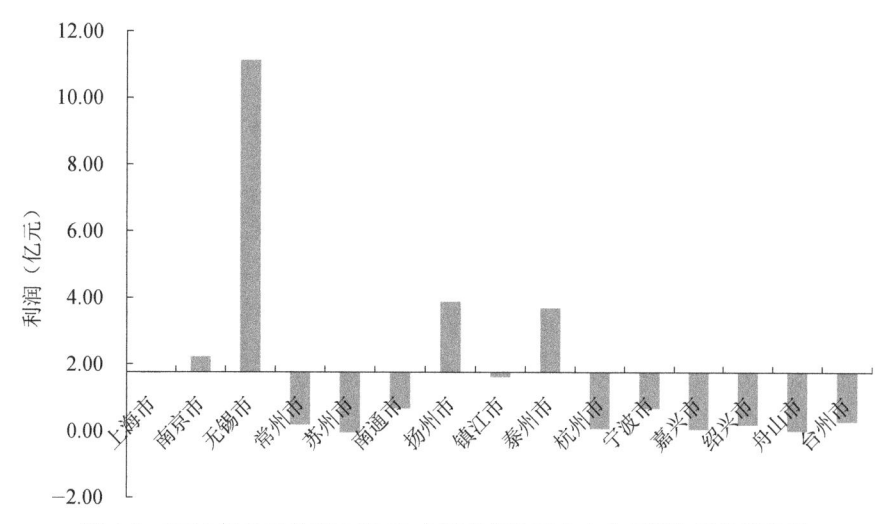

图 4-8　2016 年长三角核心区 15 个城市集体工业企业利润与平均值比较

4.3.2　从增速看发展

2002~2016 年,长三角核心区 15 个城市集体工业企业利润保持下降态势,由 2002 年的 91.49 亿元下降到 2016 年的 26.384 亿元,下降了 71.16%,年均下降 8.5%,如表 4-12 和图 4-9 所示。江苏地区扬州市、南京市和南通市呈上升态势,2002~2016 年分别上升了 210.40%、141.30% 和 9.68%;其他城市均呈下降态势。浙江地区下降较为显著,除宁波市和台州市外,其他城市下降幅度均超过 90%。

表 4-12　长三角核心区 15 个城市集体工业企业利润及增长情况

城市		2002 年（亿元）	2016 年（亿元）	2002~2016 年增长率（%）	2002~2016 年年均增长率（%）
上海市		21.39	1.73	-91.91	-16.44
江苏地区	南京市	0.92	2.22	141.30	6.49
	无锡市	20.37	11.13	-45.36	-4.23
	常州市	2.71	0.19	-92.99	-17.29
	苏州市	6.95	-0.04	—	—
	南通市	0.62	0.68	9.68	0.66
	扬州市	1.25	3.88	210.40	8.43

续表

城市		2002年（亿元）	2016年（亿元）	2002~2016年增长率（%）	2002~2016年年均增长率（%）
江苏地区	镇江市	1.95	1.62	-16.92	-1.32
	泰州市	6.35	3.69	-41.89	-3.80
浙江地区	杭州市	10.24	0.07	-99.29	-29.96
	宁波市	4.80	0.68	-85.83	-13.03
	嘉兴市	1.66	0.06	-96.43	-21.11
	绍兴市	12.04	0.19	-98.42	-25.65
	舟山市	0.25	0.004	-98.29	-25.57
	台州市	-0.01	0.28	—	—
合计		91.49	26.384	-71.16	-8.50

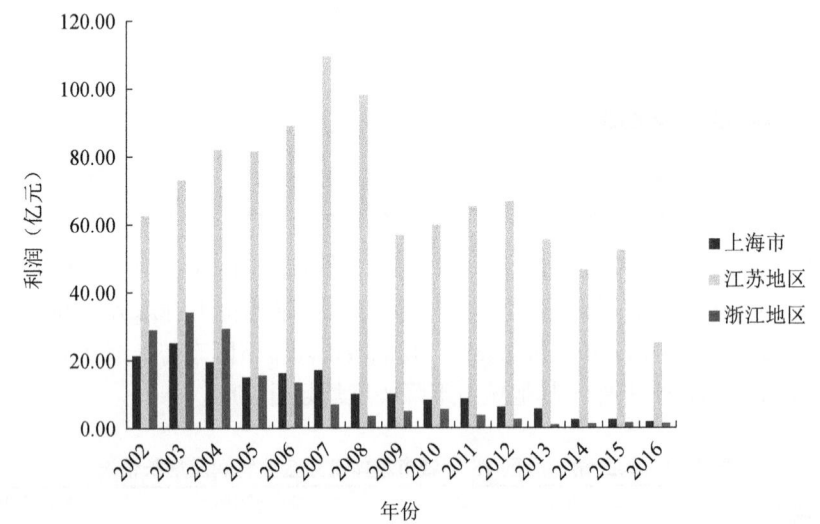

图4-9 2002~2016年上海市、江苏地区、浙江地区集体工业企业利润变化情况

4.3.3 从比值看地位

单是利润不能反映该地区的竞争力，如表4-13所示。可以通过在工业的占比来反映长三角核心区15个城市集体工业企业的竞争力，更全面地展示长三角集体工业企

业发展的现状。如表 4-14 所示，2002～2016 年长三角核心区 16 个城市集体工业企业利润占工业企业比重，总体上呈现下降趋势，从 2002 年的 6.06%下降到 2016 年的 0.19%。表 4-15 为 2016 年长三角核心区 16 个城市集体工业企业利润占各自工业企业比重情况，无锡市占比最高，为 1.15 %；其次是扬州市，占比为 0.64%。

表 4-13 2000～2017 年长三角核心区 16 个城市集体工业企业利润

（单位：亿元）

城市		2000 年	2001 年	2002 年	2003 年	2004 年	2005 年
上海市		19.81	20.67	21.39	25.13	19.55	14.91
江苏地区	南京市	0.78	0.53	0.92	1.64	1.60	2.96
	无锡市	23.95	21.06	20.37	26.18	34.12	42.45
	常州市	2.42	3.14	2.71	2.95	5.40	4.49
	苏州市	11.94	8.02	6.95	3.50	2.79	4.16
	南通市	0.45	0.55	0.62	0.61	0.99	1.54
	扬州市	—	—	1.25	1.79	2.92	3.11
	镇江市	—	—	1.95	3.08	4.54	4.04
	泰州市	6.45	6.68	6.35	8.20	10.03	3.83
浙江地区	杭州市	8.78	9.64	10.24	12.98	15.79	1.99
	宁波市	8.14	5.15	4.80	5.97	5.69	4.51
	嘉兴市	4.29	1.43	1.66	2.29	0.76	1.24
	湖州市	—	—	—	—	—	—
	绍兴市	22.60	16.20	12.04	12.78	4.31	5.10
	舟山市	0.43	0.23	0.25	0.08	0.42	0.10
	台州市	1.09	1.06	-0.01	0.07	2.40	2.61
城市		2006 年	2007 年	2008 年	2009 年	2010 年	2011 年
上海市		16.20	17.07	9.96	9.95	8.16	8.58
江苏地区	南京市	2.98	3.62	4.24	3.58	4.49	3.72
	无锡市	50.30	62.06	57.04	22.33	20.51	23.48
	常州市	4.74	5.02	3.10	0.97	0.74	0.51
	苏州市	3.44	3.17	2.79	2.77	4.16	3.75
	南通市	2.17	3.92	5.01	1.42	1.43	1.58
	扬州市	2.83	5.62	4.79	5.18	10.99	13.22
	镇江市	3.61	5.53	6.75	4.32	3.80	2.87
	泰州市	2.98	3.62	4.24	3.58	4.49	3.72

续表

	城市	2006年	2007年	2008年	2009年	2010年	2011年
浙江地区	杭州市	2.00	0.74	0.15	1.38	2.29	1.49
	宁波市	4.04	2.09	1.73	2.38	1.29	0.67
	嘉兴市	1.37	0.90	0.24	0.25	0.43	0.35
	湖州市	—	—	—	—	—	—
	绍兴市	2.25	1.82	1.02	0.39	0.70	0.46
	舟山市	0.22	0.12	0.09	0.13	0.19	0.22
	台州市	3.39	1.22	0.22	0.38	0.51	0.50

	城市	2012年	2013年	2014年	2015年	2016年	2017年
	上海市	6.10	5.49	2.44	2.43	1.73	1.01
江苏地区	南京市	2.71	2.82	2.65	2.59	2.22	0.52
	无锡市	31.13	25.73	22.59	25.98	11.13	9.20
	常州市	0.33	0.08	3.40	3.12	0.19	—
	苏州市	1.24	0.16	−0.01	−0.04	−0.04	0.14
	南通市	1.06	0.74	0.70	0.55	0.68	0.54
	扬州市	12.86	12.73	5.18	4.46	3.88	3.88
	镇江市	2.66	1.48	1.58	1.53	1.62	0.23
	泰州市	8.66	6.13	8.00	11.66	3.69	10.33
浙江地区	杭州市	1.38	0.14	0.12	0.04	0.07	0.01
	宁波市	0.57	0.45	0.59	0.92	0.68	0.23
	嘉兴市	0.20	0.04	0.12	0.03	0.06	0.04
	湖州市	—	—	—	—	—	—
	绍兴市	0.29	0.15	0.09	0.08	0.19	0.28
	舟山市	0.05	0.05	0.08	0.002	0.004	—
	台州市	0.06	0.12	0.16	0.38	0.28	0.32

表4-14　2002～2016年长三角核心区15个城市集体工业企业利润占工业企业比重

年份	集体工业企业（亿元）	工业企业（亿元）	集体工业企业占工业企业比重（%）
2002	91.49	1 510.52	6.06
2003	107.25	2 138.43	5.02
2004	111.31	2 758.87	4.03

续表

年份	集体工业企业（亿元）	工业企业（亿元）	集体工业企业占工业企业比重（%）
2005	97.04	3 016.63	3.22
2006	102.52	3 832.44	2.68
2007	116.52	5 097.54	2.29
2008	101.37	4 731.87	2.14
2009	59.01	6 468.91	0.91
2010	64.18	9 544.26	0.67
2011	65.12	10 297.53	0.63
2012	69.30	9 736.93	0.71
2013	56.31	11 154.62	0.50
2014	47.69	11 987.7	0.40
2015	53.732	12 463.16	0.43
2016	26.384	13 934.5	0.19

表 4-15　2016 年长三角核心区 15 个城市集体工业企业利润占工业企业比重

	城市	集体工业企业（亿元）	工业企业（亿元）	集体工业企业占工业企业比重（%）
	上海市	1.73	2913.91	0.06
江苏地区	南京市	2.22	959.35	0.23
	无锡市	11.13	968.02	1.15
	常州市	0.19	725.27	0.03
	苏州市	−0.04	1772.74	—
	南通市	0.68	1118.27	0.06
	扬州市	3.88	602.98	0.64
	镇江市	1.62	582.17	0.28
	泰州市	3.69	938.67	0.39
浙江地区	杭州市	0.07	946.06	0.01
	宁波市	0.68	1016.89	0.07
	嘉兴市	0.06	510.59	0.01
	绍兴市	0.19	592.1	0.03
	舟山市	0.004	27.67	0.01
	台州市	0.28	259.81	0.11

4.4 年平均就业人数[①]

4.4.1 从总量看态势

2017年长三角核心区12个城市集体工业企业年平均就业人数为3.20万人。其中，无锡市集体工业企业年平均就业人数为0.99万人，在12个城市中位列第一；杭州市集体工业企业年平均就业人数为0.01万人，为12个城市中最少，如表4-16所示。

表4-16　2017年长三角核心区12个城市集体工业企业年平均就业人数

城市		年平均就业人数（万人）	占比（%）
上海市		0.34	10.63
江苏地区	南京市	0.17	5.31
	无锡市	0.99	30.94
	南通市	0.07	2.19
	扬州市	0.64	20.00
	镇江市	0.20	6.25
	泰州市	0.62	19.38
浙江地区	杭州市	0.01	0.31
	宁波市	0.08	2.50
	嘉兴市	0.02	0.63
	绍兴市	0.03	0.94
	台州市	0.03	0.94
合计		3.20	100.00

长三角核心区12个城市集体工业企业年平均就业人数总体上呈现收缩态势，如图4-10所示。

[①] 苏州市、常州市、湖州市和舟山市相关资料空缺，故本节只分析12个城市。

4 集体工业企业

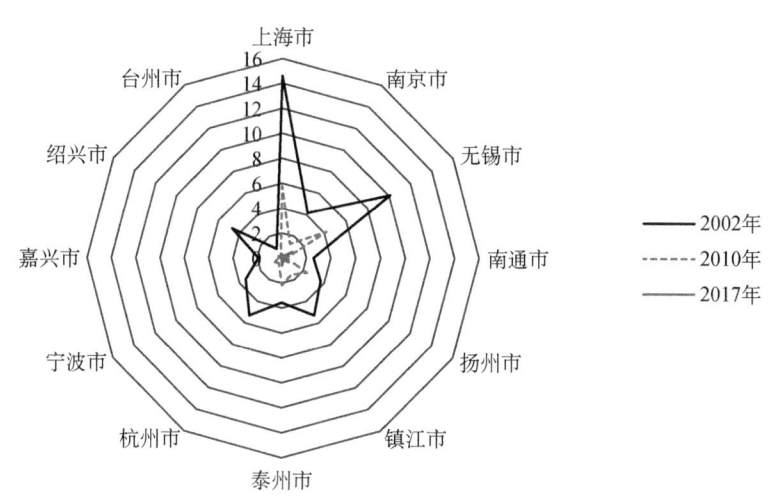

图 4-10 2002 年、2010 年、2017 年长三角核心区 12 个城市
集体工业企业年平均就业人数情况

图中数字表示集体工业企业年平均就业人数，单位为万人

2017 年，长三角核心区 12 个城市集体工业企业年平均就业人数为 0.27 万人，其中上海市、无锡市、扬州市和泰州市 4 个城市位于平均水平之上，如图 4-11 所示。

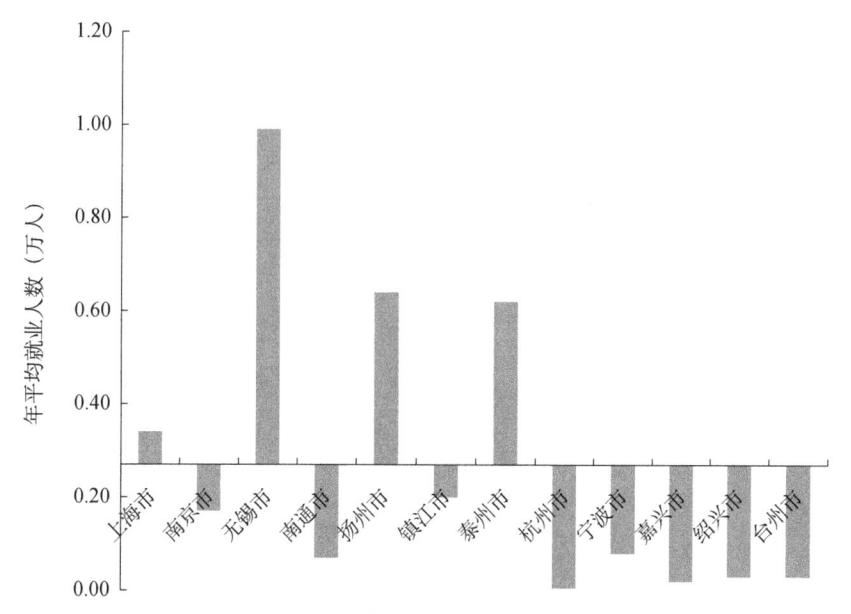

图 4-11 2017 年长三角核心区 12 个城市
集体工业企业年平均就业人数与平均值比较

4.4.2　从增速看发展

2002~2017 年，长三角核心区 12 个城市集体工业企业年平均就业人数逐步减少，从 2002 年的 60.19 万人下降到 2017 年的 3.20 万人，下降了 94.68%，年平均下降 17.77%，如表 4-17 所示。上海市下降了 97.67%，年平均下降超过 20%。江苏地区南通市下降幅度最大，下降了 97.29%，年平均下降超过 20%；其次是镇江市，下降了 96.23%；扬州市和泰州市下降幅度不超过 90%。浙江地区下降幅度较大，所有城市下降幅度均超过 95%，除台州市外年均下降 20%以上，如图 4-12 所示。

表 4-17　长三角核心区 12 个城市集体工业企业年平均就业人数及增长

城市		2002 年（万人）	2017 年（万人）	2017 年比 2002 年下降幅度（%）	2000~2017 年年均下降率（%）
上海市		14.59	0.34	97.67	22.17
江苏地区	南京市	4.18	0.17	95.93	19.22
	无锡市	10.10	0.99	90.20	14.34
	南通市	2.58	0.07	97.29	21.37
	扬州市	3.67	0.64	82.56	10.99
	镇江市	5.30	0.20	96.23	19.63
	泰州市	3.57	0.62	82.63	11.02
浙江地区	杭州市	5.31	0.01	99.81	34.18
	宁波市	3.41	0.08	97.65	22.13
	嘉兴市	1.92	0.02	98.96	26.24
	绍兴市	4.71	0.03	99.36	28.62
	台州市	0.85	0.03	96.47	19.98
合计		60.19	3.20	94.68	17.77

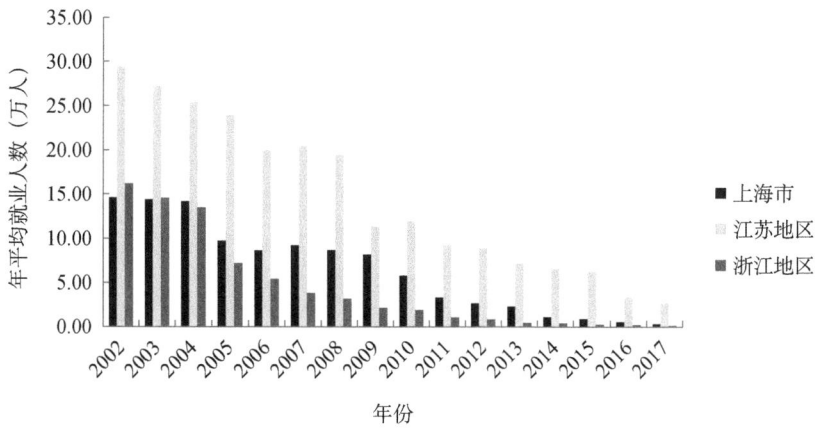

图 4-12 2002~2017 年上海市、江苏地区、浙江地区集体工业企业年平均就业人数变化情况

4.4.3 从比值看地位

单是年平均就业人数不能反映该地区的竞争力，如表 4-18 所示。可以通过在工业的占比来反映长三角集体工业的竞争力，更全面地展示长三角集体工业企业发展的现状。

表 4-19 展示了 2002~2017 年长三角核心区 12 个城市集体工业企业年平均就业人数占工业企业比重情况，随着集体工业企业年平均就业人数的持续下降和工业企业年平均就业人数的持续上升，集体工业企业年平均就业人数占工业企业比重持续下降，由 2002 年的 7.96%下降到 2017 年的 0.29%。表 4-20 为 2017 年长三角核心区 12 个城市集体工业企业年平均就业人数占各自工业企业比重情况，仅扬州市和泰州市占比超过 1%，均为 1.05%，其他 10 个城市均低于 1%，其中杭州市最低，为 0.01%。

表 4-18 2000~2017 年长三角核心区 16 个城市集体工业企业年平均就业人数

（单位：万人）

城市		2000 年	2001 年	2002 年	2003 年	2004 年	2005 年
上海市		22.16	18.32	14.59	14.37	14.15	9.70
江苏地区	南京市	—	5.71	4.18	3.92	2.27	2.09
	无锡市	18.66	13.57	10.10	10.74	10.71	10.80

续表

	城市	2000年	2001年	2002年	2003年	2004年	2005年
江苏地区	常州市	8.76	6.57	4.64	2.27	1.99	1.82
	苏州市	16.65	9.31	6.91	2.74	2.52	3.40
	南通市	5.27	4.21	2.58	1.81	1.66	1.65
	扬州市	—	—	3.67	3.64	3.59	2.80
	镇江市	—	—	5.30	4.47	4.42	3.41
	泰州市	6.14	4.55	3.57	2.64	2.74	3.17
浙江地区	杭州市	12.82	6.51	5.31	4.78	6.56	1.54
	宁波市	8.94	4.26	3.41	3.50	2.98	2.27
	嘉兴市	—	1.77	1.92	1.71	0.91	1.00
	湖州市	—	—	—	—	—	—
	绍兴市	14.72	8.46	4.71	3.87	2.36	1.89
	舟山市	—	0.46	0.25	0.10	0.15	0.10
	台州市	1.52	1.17	0.85	0.67	0.66	0.47

	城市	2006年	2007年	2008年	2009年	2010年	2011年
	上海市	8.62	9.18	8.66	8.15	5.76	3.30
江苏地区	南京市	1.62	1.40	1.62	1.34	1.31	1.10
	无锡市	10.93	10.88	9.45	3.62	4.19	3.12
	常州市	1.72	1.61	1.56	0.34	0.36	—
	苏州市	1.86	1.80	1.87	1.37	1.06	—
	南通市	0.57	0.58	0.62	0.35	0.36	0.37
	扬州市	2.16	2.90	2.78	2.07	2.37	2.20
	镇江市	2.50	2.63	2.84	1.85	1.54	0.74
	泰州市	2.17	2.04	2.16	2.09	2.18	1.67
浙江地区	杭州市	1.48	—	1.08	0.57	0.49	0.23
	宁波市	1.78	1.58	1.18	0.82	0.66	0.37
	嘉兴市	0.90	0.79	0.35	0.31	0.27	0.18
	湖州市	—	—	—	—	—	—
	绍兴市	0.85	0.73	0.39	0.27	0.29	0.18
	舟山市	0.10	0.09	0.08	0.07	0.09	0.03
	台州市	0.40	0.71	0.16	0.18	0.17	0.11

续表

城市		2012年	2013年	2014年	2015年	2016年	2017年
上海市		2.65	2.28	1.11	0.87	0.57	0.34
江苏地区	南京市	0.82	0.66	0.52	0.37	0.33	0.17
	无锡市	3.70	3.12	3.58	3.52	1.55	0.99
	常州市	—	—	—	—	—	—
	苏州市	—	—	—	—	—	—
	南通市	0.26	0.17	0.15	0.13	0.13	0.07
	扬州市	2.00	1.61	0.84	0.81	0.73	0.64
	镇江市	0.73	0.59	0.53	0.50	0.45	0.20
	泰州市	1.37	1.00	0.94	0.86	0.14	0.62
浙江地区	杭州市	0.23	0.07	0.06	0.02	0.01	0.0053
	宁波市	0.30	0.14	0.12	0.10	0.07	0.08
	嘉兴市	0.17	0.09	0.11	0.07	0.07	0.02
	湖州市	—	—	—	—	—	—
	绍兴市	0.13	0.11	0.07	0.05	0.06	0.03
	舟山市	0.02	0.23	0.21	0.0047	0.0020	—
	台州市	0.03	0.03	0.04	0.03	0.03	0.03

表4-19 2002～2017年长三角核心区12个城市集体工业企业年平均就业人数占工业企业比重

年份	集体工业企业（万人）	工业企业（万人）	集体工业企业占工业企业比重（%）
2002	60.19	755.91	7.96
2003	56.12	829.75	6.76
2004	53.01	957.4	5.54
2005	40.79	1040.14	3.92
2006	33.98	1123.33	3.02
2007	33.42	1214.58	2.75
2008	31.29	1261.78	2.48
2009	21.62	1280.02	1.69
2010	19.59	1381.00	1.42
2011	13.57	—	—
2012	12.39	—	—
2013	9.87	1247.32	0.79
2014	8.07	1237.83	0.65

续表

年份	集体工业企业（万人）	工业企业（万人）	集体工业企业占工业企业比重（%）
2015	7.33	1200.19	0.61
2016	4.14	1165.19	0.36
2017	3.20	1117.64	0.29

表4-20　2017年长三角核心区12个城市集体工业企业年平均就业人数占工业企业比重

	城市	集体工业企业（万人）	工业企业（万人）	集体工业企业占工业企业比重（%）
	上海市	0.34	204.67	0.17
江苏地区	南京市	0.17	64.26	0.26
	无锡市	0.99	117.59	0.84
	南通市	0.07	95.79	0.07
	扬州市	0.64	61.11	1.05
	镇江市	0.20	42.75	0.47
	泰州市	0.62	58.79	1.05
浙江地区	杭州市	0.01	105.57	0.01
	宁波市	0.08	148.69	0.05
	嘉兴市	0.02	85.47	0.02
	绍兴市	0.03	68.96	0.04
	台州市	0.03	63.99	0.05

5 私营工业企业

私营企业是指由自然人投资设立或由自然人控股，以雇佣劳动为基础的营利性经济组织，包括按照《中华人民共和国公司法》《中华人民共和国合伙企业法》《中华人民共和国私营企业暂行条例》规定登记注册的私营有限责任公司、私营股份有限公司、私营合伙企业和私营独资企业。

5.1 企 业 数

5.1.1 从总量看态势

2017年长三角核心区16个城市私营工业企业数为44 804个，如表5-1所示。其中，宁波市为5264个，占比为11.75%，在16个城市中位列第一；舟山市为256个，占比仅为0.57%，列倒数第一，也是16个城市中唯一的私营工业企业数在1000个以下的城市。占比在10%以上的城市仅宁波市、苏州市。私营工业企业数在3000个以上的有宁波市、苏州市、嘉兴市、上海市、杭州市、无锡市、绍兴市、南通市、常州市9个城市。江苏地区苏州市最高，为4743个，占比为10.59%，无锡市和南通市分别位列第二和第三。浙江地区宁波市、嘉兴市和杭州市分别位列前三。

表 5-1　2017年长三角核心区16个城市私营工业企业数

城市		私营工业企业数（个）	占比（%）
上海市		3 541	7.90
江苏地区	南京市	1 125	2.51
	无锡市	3 429	7.65
	常州市	3 123	6.97
	苏州市	4 743	10.59
	南通市	3 264	7.29
	扬州市	1 869	4.17
	镇江市	1 334	2.98
	泰州市	1 865	4.16

续表

城市		私营工业企业数（个）	占比（%）
浙江地区	杭州市	3 511	7.84
	宁波市	5 264	11.75
	嘉兴市	3 862	8.62
	湖州市	1 986	4.43
	绍兴市	3 329	7.43
	舟山市	256	0.57
	台州市	2 303	5.14
合计		44 804	100.00

长三角核心区16个城市私营工业企业数总体上呈现先增长后下降态势，如图5-1所示。2017年宁波市、苏州市、嘉兴市、上海市、杭州市、无锡市列前六位。

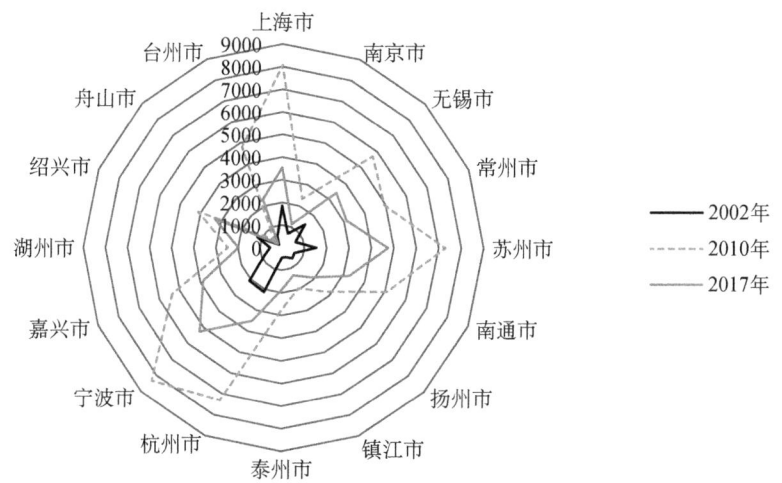

图5-1 2002年、2010年、2017年长三角核心区16个城市
私营工业企业数情况
图中数字表示私营工业企业数，单位为个

2017年，长三角核心区16个城市平均私营工业企业数为2800.25个，其中宁波市、苏州市、嘉兴市、上海市、杭州市、无锡市、绍兴市、南通市、常州市9个城市

位于平均水平之上，这 9 个城市的私营工业企业数为 34 066 个，占长三角核心区 16 个城市的 76.03%，如图 5-2 所示。

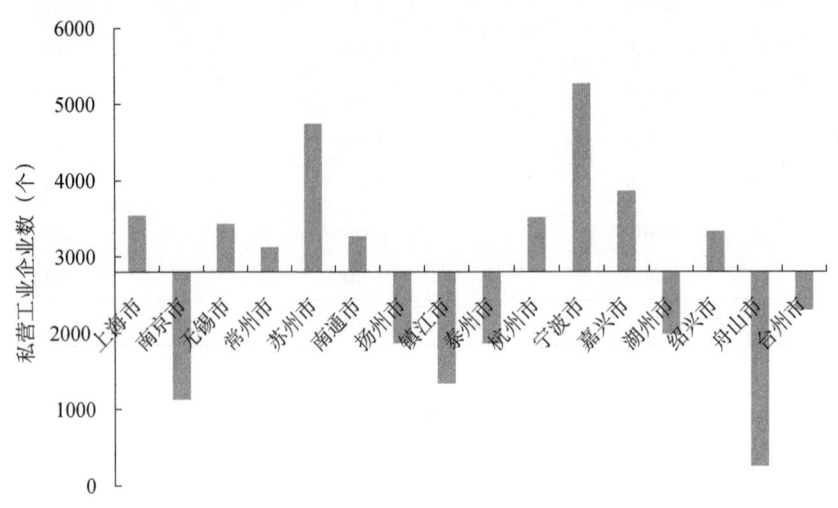

图 5-2　2017 年长三角核心区 16 个城市私营工业企业数与平均值比较

5.1.2　从增速看发展

2002～2017 年，长三角核心区 16 个城市私营工业企业数保持较快增长态势，由 15 881 个增长到 44 804 个，增长了 1.82 倍，年均增长率为 7.16%，如表 5-2 所示。分地区来看，江苏地区增长较为显著，如图 5-3 所示。江苏地区南通市增长了 4 倍以上，年均增长率在 11% 以上，泰州市和常州市增长了 3 倍以上；浙江地区嘉兴市和台州市增长了 3 倍以上，年平均增长率在 10% 以上，湖州市增长了 2.66 倍；上海市增长了 0.91 倍，年均增长率达到了 4.42%（表 5-2）。

表 5-2　长三角核心区 16 个城市私营工业企业数及增长情况

城市		2002 年（个）	2017 年（个）	2017 年比 2002 年增长倍数（倍）	2002～2017 年年均增长率（%）
上海市		1 852	3 541	0.91	4.42
江苏地区	南京市	673	1 125	0.67	3.48
	无锡市	1 457	3 429	1.35	5.87

续表

城市		2002年（个）	2017年（个）	2017年比2002年增长倍数（倍）	2002～2017年年均增长率（%）
江苏地区	常州市	647	3 123	3.83	11.07
	苏州市	1 536	4 743	2.09	7.81
	南通市	606	3 264	4.39	11.88
	扬州市	655	1 869	1.85	7.24
	镇江市	449	1 334	1.97	7.53
	泰州市	437	1 865	3.27	10.16
浙江地区	杭州市	2 131	3 511	0.65	3.38
	宁波市	2 093	5 264	1.52	6.34
	嘉兴市	851	3 862	3.54	10.61
	湖州市	543	1 986	2.66	9.03
	绍兴市	1 214	3 329	1.74	6.96
	舟山市	191	256	0.34	1.97
	台州市	546	2 303	3.22	10.07
合计		15 881	44 804	1.82	7.16

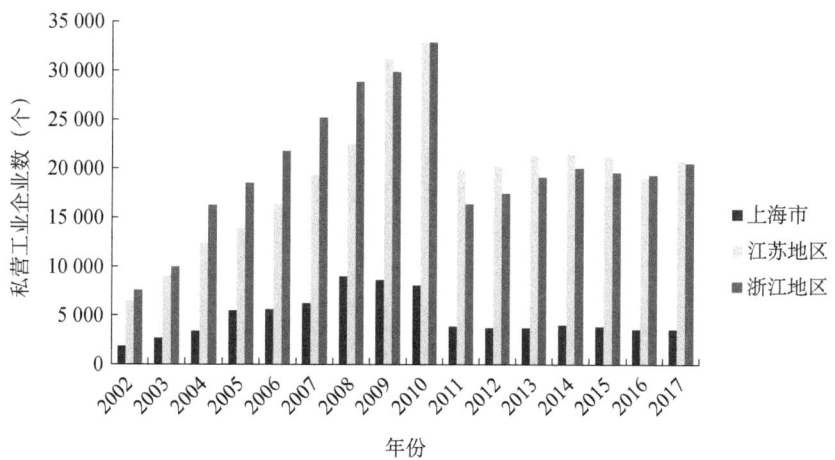

图 5-3　2002～2017 年上海市、江苏地区、浙江地区
私营工业企业数变化情况

5.1.3 从比值看地位

单是企业数不能全面反映该地区的竞争力，如表5-3所示。可以通过在工业的占比来反映长三角工业的竞争力，更全面地展示长三角私营工业企业发展的现状。2010年以前长三角核心区16个城市私营工业企业数占工业企业比重的上升趋势明显，从2002年的36.80%一直上升到2010年的64.60%；2011年以后略有动荡，基本保持在60%左右，如表5-4所示。分城市来看，2017年上海市、南京市和苏州市3个城市私营工业企业数占本市工业企业比重低于50%，绍兴市、常州市、舟山市和嘉兴市4个城市占比高于70%，其他9个城市占比均在60%~70%，如表5-5所示。

表5-3 2000~2017年长三角核心区16个城市私营工业企业数 （单位：个）

城市		2000年	2001年	2002年	2003年	2004年	2005年
	上海市	181	1357	1852	2645	3372	5461
江苏地区	南京市	388	447	673	818	991	960
	无锡市	639	1020	1457	1959	2459	2524
	常州市	385	459	647	1137	2734	2209
	苏州市	477	1081	1536	2232	2418	3096
	南通市	205	366	606	864	1279	2013
	扬州市	—	—	655	805	1002	1164
	镇江市	—	—	449	629	713	875
	泰州市	223	295	437	585	795	1065
浙江地区	杭州市	974	1759	2131	2676	3302	4714
	宁波市	990	1641	2093	2558	5130	5510
	嘉兴市	331	469	851	1348	3155	2924
	湖州市	—	419	543	713	892	1136
	绍兴市	752	1057	1214	1477	2275	2406
	舟山市	—	—	191	209	283	308
	台州市	335	586	546	974	1226	1520
城市		2006年	2007年	2008年	2009年	2010年	2011年
	上海市	5579	6214	8975	8623	8065	3875
江苏地区	南京市	773	926	1893	2009	2339	1327
	无锡市	2899	3301	3537	5007	5713	3412
	常州市	2735	3189	3414	5275	4942	2715

续表

城市		2006 年	2007 年	2008 年	2009 年	2010 年	2011 年
江苏地区	苏州市	3623	4234	4864	7311	7296	4745
	南通市	2574	3150	3636	4861	5091	3062
	扬州市	1410	1747	2044	2497	2749	1760
	镇江市	1029	1210	1423	1878	1949	1300
	泰州市	1319	1584	1716	2355	2741	1585
浙江地区	杭州市	5122	5783	6815	7050	7299	4213
	宁波市	6345	7263	7379	7643	8325	3715
	嘉兴市	3666	4191	4808	4880	5372	2649
	湖州市	1504	1639	2188	2287	2458	1433
	绍兴市	2710	3016	3731	3824	4121	2360
	舟山市	345	388	429	499	511	256
	台州市	2074	2926	3510	3694	4799	1742

城市		2012 年	2013 年	2014 年	2015 年	2016 年	2017 年
上海市		3712	3714	4008	3840	3534	3541
江苏地区	南京市	1232	1379	1349	1330	1312	1125
	无锡市	3314	3491	3350	3211	3113	3429
	常州市	2877	2879	3228	3124	3054	3123
	苏州市	4998	5310	5053	4845	4557	4743
	南通市	3009	3144	3111	3122	3132	3264
	扬州市	1810	1749	1823	1900	1879	1869
	镇江市	1460	1751	1904	1873	1756	1334
	泰州市	1522	1595	1633	1724	182	1865
浙江地区	杭州市	4322	4824	4795	3811	3554	3511
	宁波市	3958	4401	4704	4902	4838	5264
	嘉兴市	2878	3189	3456	3584	3520	3862
	湖州市	1533	1575	1753	1806	1832	1986
	绍兴市	2565	2811	2936	3050	3165	3329
	舟山市	267	286	277	276	268	256
	台州市	1909	2024	2117	2124	2134	2303

表 5-4 2002~2017 年长三角核心区 16 个城市私营工业企业数占工业企业比重

年份	私营工业企业（个）	工业企业（个）	私营工业企业占工业企业比重（%）
2002	15 881	43 153	36.80
2003	21 629	49 275	43.89
2004	32 026	67 175	47.68
2005	37 885	71 875	52.71
2006	43 707	78 075	55.98
2007	50 761	87 192	58.22
2008	60 362	100 797	59.88
2009	69 693	110 680	62.97
2010	73 770	114 202	64.60
2011	40 149	68 957	58.22
2012	41 366	71 369	57.96
2013	44 122	74 610	59.14
2014	45 497	75 275	60.44
2015	44 522	74 442	59.81
2016	41 830	72 336	57.83
2017	44 804	72 719	61.61

表 5-5 2017 年长三角核心区 16 个城市私营工业企业数占工业企业比重

	城市	私营工业企业（个）	工业企业（个）	私营工业企业占工业企业比重（%）
	上海市	3451	8122	42.49
江苏地区	南京市	1125	2348	47.91
	无锡市	3429	5258	65.21
	常州市	3123	4240	73.66
	苏州市	4743	9840	48.20
	南通市	3264	5131	63.61
	扬州市	1869	2693	69.40
	镇江市	1334	2046	65.20
	泰州市	1865	2992	62.33
浙江地区	杭州市	3511	5533	63.46
	宁波市	5264	7570	69.54
	嘉兴市	3862	5396	71.57
	湖州市	1986	2945	67.44

续表

城市		私营工业企业（个）	工业企业（个）	私营工业企业占工业企业比重（%）
浙江地区	绍兴市	3329	4494	74.08
	舟山市	256	351	72.93
	台州市	2303	3760	61.25

5.2 主营业务收入

5.2.1 从总量看态势

2017年长三角核心区16个城市私营工业企业主营业务收入为65108.57亿元，如表5-6所示。其中，南通市为7738.41亿元，占比为11.89%，在16个城市中位列第一；舟山市为320.34亿元，占比仅为0.49%，是16个城市中最低的，舟山市也是16个城市中唯一的私营工业企业主营业务收入在1000亿元以下的城市。占比在10%以上的城市除南通市外还有常州市、无锡市。私营工业企业主营业务收入在5000亿元以上的有南通市、常州市、无锡市、苏州市、泰州市、宁波市6个城市。江苏地区南通市、常州市和无锡市分别位列前三。浙江地区宁波市最高，为5334.82亿元，占比为8.19%，杭州市、嘉兴市分别位列第二和第三。

表5-6　2017年长三角核心区16个城市私营工业企业主营业务收入

城市		主营业务收入（亿元）	占比（%）
上海市		4 324.70	6.64
江苏地区	南京市	1 509.94	2.32
	无锡市	6 601.44	10.14
	常州市	6 711.44	10.31
	苏州市	5 705.77	8.76
	南通市	7 738.41	11.89
	扬州市	4 265.64	6.55

续表

城市		主营业务收入（亿元）	占比（%）
江苏地区	镇江市	2 738.53	4.21
	泰州市	5 400.38	8.29
浙江地区	杭州市	3 650.49	5.61
	宁波市	5 334.82	8.19
	嘉兴市	3 583.36	5.50
	湖州市	1 950.11	3.00
	绍兴市	3 580.28	5.50
	舟山市	320.34	0.49
	台州市	1 692.92	2.60
合计		65 108.57	100.00

长三角核心区 16 个城市私营工业企业主营业务收入总体上呈现增长态势，未出现规模萎缩的城市，如图 5-4 所示。2017 年南通市、常州市、无锡市、苏州市、泰州市、宁波市列前六位。

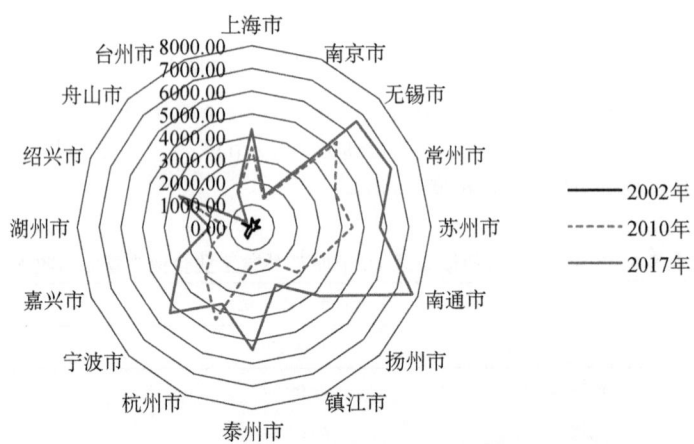

图 5-4 2002 年、2010 年、2017 年长三角核心区 16 个城市
私营工业企业主营业务收入情况
图中数字表示私营工业企业主营业务收入，单位为亿元

2017 年，长三角核心区 16 个城市平均私营工业企业主营业务收入为 4069.29 亿元，其中南通市、常州市、无锡市、苏州市、泰州市、宁波市、扬州市、上海市 8 个

城市位于平均水平之上，这 8 个城市私营工业企业主营业务收入为 46 082.60 亿元，占长三角核心区 16 个城市的 70.78%，如图 5-5 所示。

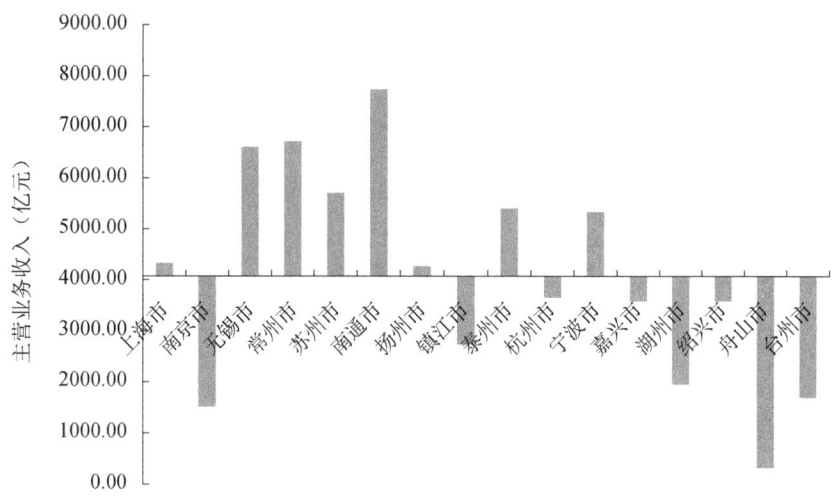

图 5-5　2017 年长三角核心区 16 个城市
私营工业企业主营业务收入与平均值比较

5.2.2　从增速看发展

2002~2017 年，长三角核心区 16 个城市私营工业企业主营业务收入保持较快增长态势，由 4091.03 亿元增长到 65 108.57 亿元，增长了 14.91 倍，年均增长率为 20.26%，如表 5-7 所示。分地区来看，江苏地区增长较为显著，如图 5-6 所示。江苏地区泰州市、南通市 2 个城市增长了 50 倍以上，年均增长率在 30%以上；常州市、扬州市 2 个城市增长了 20 倍以上，年均增长率在 20%以上。浙江地区嘉兴市、湖州市 2 个城市增长了 15 倍以上，年均增长率在 20%以上。

表 5-7　长三角核心区 16 个城市私营工业企业主营业务收入及增长

城市		2002 年（亿元）	2017 年（亿元）	2017 年比 2002 年增长倍数（倍）	2002~2017 年年均增长率（%）
上海市		400.60	4 324.70	9.80	17.19
江苏地区	南京市	216.13	1 509.94	5.99	13.84
	无锡市	469.75	6 601.44	13.05	19.27

续表

城市		2002年（亿元）	2017年（亿元）	2017年比2002年增长倍数（倍）	2002~2017年年均增长率（%）
江苏地区	常州市	180.25	6 711.44	36.23	27.27
	苏州市	363.04	5 705.77	14.72	20.16
	南通市	140.07	7 738.41	54.25	30.66
	扬州市	159.82	4 265.64	25.69	24.48
	镇江市	150.00	2 738.53	17.26	21.37
	泰州市	96.84	5 400.38	54.77	30.74
浙江地区	杭州市	513.47	3 650.49	6.11	13.97
	宁波市	447.76	5 334.82	10.91	17.96
	嘉兴市	213.37	3 583.36	15.79	20.69
	湖州市	116.67	1 950.11	15.71	20.65
	绍兴市	475.81	3 580.28	6.52	14.40
	舟山市	36.11	320.34	7.87	15.66
	台州市	111.34	1 692.92	14.20	19.89
合计		4 091.03	65 108.57	14.91	20.26

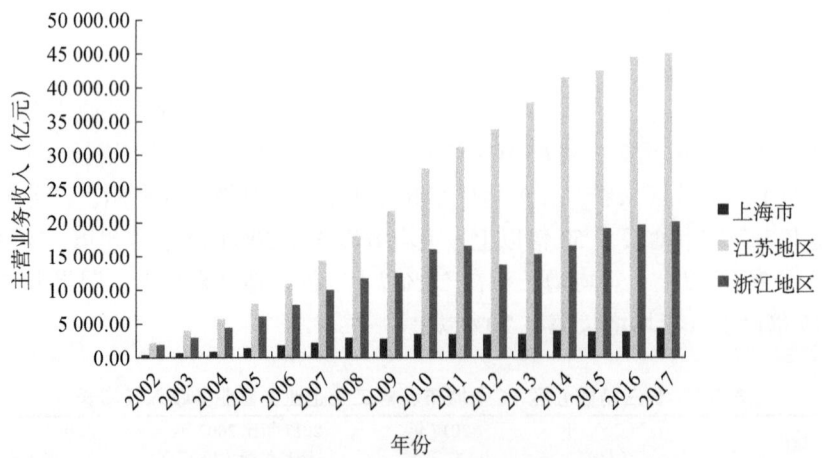

图5-6 2002~2017年上海市、江苏地区、浙江地区私营工业企业主营业务收入变化情况

5.2.3 从比值看地位

单是私营工业企业的主营业务收入不能全面反映该地区的竞争力，如表5-8所示。可以通过在工业的占比来反映长三角私营工业企业的竞争力，更全面地展示长三角私营工业企业发展的现状。2010年以前长三角核心区16个城市私营工业企业主营业务收入占工业企业比重保持上升趋势，2011~2014年有所动荡，2015年之后继续保持上升趋势，2017年占比达到31.75%，如表5-9所示。分城市来看，2017年常州市、南通市2个城市私营工业企业主营业务收入占本市工业企业比重超过50%，上海市占比最低，为11.41%，如表5-10所示。

表5-8 2000~2017年长三角核心区16个城市私营工业企业主营业务收入

（单位：亿元）

城市		2000年	2001年	2002年	2003年	2004年	2005年
上海市		65.09	281.85	400.57	660.40	888.08	1394.20
江苏地区	南京市	98.68	133.59	216.13	306.32	295.03	383.62
	无锡市	118.28	266.01	469.75	786.93	1159.65	1632.61
	常州市	76.77	105.58	180.25	482.61	861.26	1067.60
	苏州市	87.32	219.21	363.04	931.44	1261.80	1503.27
	南通市	43.08	68.92	140.07	238.91	443.68	836.13
	扬州市	—	—	159.82	232.05	336.44	465.72
	镇江市	—	—	150.00	210.32	270.49	365.27
	泰州市	40.15	61.49	96.84	151.85	219.52	313.81
浙江地区	杭州市	183.80	41.20	513.47	802.32	1084.91	1612.67
	宁波市	196.03	316.54	447.76	665.92	1120.27	1402.47
	嘉兴市	—	131.71	213.37	362.84	699.06	770.84
	湖州市	—	—	116.67	176.66	253.29	355.71
	绍兴市	233.45	382.02	475.81	633.19	937.14	1432.27
	舟山市	—	—	36.11	52.35	76.81	96.64
	台州市	74.23	94.49	111.34	251.25	264.65	423.19
城市		2006年	2007年	2008年	2009年	2010年	2011年
上海市		1790.93	2221.05	2941.20	2799.35	3516.00	3491.17
江苏地区	南京市	499.97	649.57	933.35	1113.80	1372.58	1555.91
	无锡市	2153.14	2767.43	3262.20	3865.38	5317.16	5888.80

续表

城市		2006 年	2007 年	2008 年	2009 年	2010 年	2011 年
江苏地区	常州市	1409.65	1837.03	2292.00	3286.58	3997.22	4562.84
	苏州市	2025.11	2651.97	2983.96	3395.51	4472.41	4722.59
	南通市	1351.85	1845.43	2372.57	2838.67	3323.29	3795.37
	扬州市	729.43	1005.02	1410.40	2076.56	2785.46	3087.43
	镇江市	499.48	705.96	990.93	1173.67	1544.86	1924.15
	泰州市	453.11	660.57	821.65	1201.08	1651.97	2105.04
浙江地区	杭州市	2008.17	2613.19	3451.18	3647.86	4412.09	4643.85
	宁波市	1782.63	2180.17	2117.76	2186.32	3036.80	2961.50
	嘉兴市	963.90	1271.11	1433.90	1450.28	1970.01	2138.94
	湖州市	498.50	680.92	880.21	975.89	1196.41	1285.95
	绍兴市	1749.19	2201.67	2550.89	2803.20	3503.26	3841.71
	舟山市	122.03	152.00	206.24	277.74	363.40	389.98
	台州市	633.41	920.64	1073.67	1148.32	1587.28	1329.85

城市		2012 年	2013 年	2014 年	2015 年	2016 年	2017 年
	上海市	3405.79	3473.93	3963.23	3804.60	3800.34	4324.71
江苏地区	南京市	1651.83	2098.30	2238.25	2297.69	2357.21	1509.94
	无锡市	5763.70	6269.75	5826.54	5871.93	5781.20	6601.44
	常州市	5436.86	5262.82	6744.52	6581.63	7145.72	6711.44
	苏州市	4799.22	5277.96	5395.44	4945.74	5087.82	5705.77
	南通市	4545.06	5536.53	6016.03	6693.38	7379.60	7738.41
	扬州市	3359.65	3932.95	4339.89	4448.27	4672.06	4265.64
	镇江市	2360.10	2875.52	3313.33	3339.35	3612.49	2738.53
	泰州市	2491.62	3107.58	3666.56	4463.77	4654.50	5400.38
浙江地区	杭州市	1167.81	1367.09	1508.55	3612.55	3537.33	3650.49
	宁波市	3123.24	3581.27	4004.82	4144.02	4489.72	5334.82
	嘉兴市	2176.84	2568.76	2833.76	2755.52	2993.68	3583.36
	湖州市	1558.48	1684.29	1823.65	1948.91	2015.03	1950.11
	绍兴市	4181.25	4508.31	4639.95	4832.69	4678.68	3580.28
	舟山市	278.14	321.24	366.67	410.78	446.88	320.34
	台州市	1237.68	1289.52	1405.93	1444.44	1498.00	1692.92

5 私营工业企业

表 5-9 2002~2017 年长三角核心区 16 个城市私营工业企业主营业务收入占工业企业比重情况

年份	私营工业企业（亿元）	工业企业（亿元）	私营工业企业占工业企业比重（%）
2002	4 091.03	26 922.18	15.20
2003	6 945.36	36 635.15	18.96
2004	10 172.10	49 401.99	20.59
2005	14 056.02	62 526.60	22.48
2006	18 670.47	77 713.86	24.02
2007	24 363.78	96 769.08	25.18
2008	29 722.11	111 475.01	26.66
2009	34 240.26	117 080.38	29.25
2010	44 050.30	147 074.42	29.95
2011	47 725.11	165 766.75	28.79
2012	47 537.28	173 483.45	27.40
2013	53 155.79	185 918.65	28.59
2014	58 087.09	194 951.22	29.80
2015	61 595.27	194 281.37	31.70
2016	64 150.22	201 433.26	31.85
2017	65 108.57	205 092.39	31.75

表 5-10 2017 年长三角核心区 16 个城市私营工业企业主营业务收入占工业企业比重

	城市	私营工业企业（亿元）	工业企业（亿元）	私营工业企业占工业企业比重（%）
	上海市	4 324.70	37 910.50	11.41
江苏地区	南京市	1 509.94	10 936.47	13.81
	无锡市	6 601.44	15 543.76	42.47
	常州市	6 711.44	12 036.63	55.76
	苏州市	5 705.77	32 005.86	17.83
	南通市	7 738.41	14 522.32	53.29
	扬州市	4 265.64	8 876.94	48.05
	镇江市	2 738.53	6 814.50	40.19
	泰州市	5 400.38	11 941.88	45.22
浙江地区	杭州市	3 650.49	13 209.59	27.64
	宁波市	5 334.82	15 643.88	34.10
	嘉兴市	3 583.36	8 517.02	42.07
	湖州市	1 950.11	4 313.86	45.21
	绍兴市	3 580.28	7 520.82	47.60
	舟山市	320.34	903.46	35.46
	台州市	1 692.92	4 394.90	38.52

5.3 利　　润[①]

5.3.1 从总量看态势

2017年长三角核心区15个城市私营工业企业利润为3628.97亿元，如表5-11所示。其中，南通市为601.21亿元，占比为16.57%，在15个城市中位列第一，也是唯一的私营工业企业利润在500亿元以上的城市；舟山市为6.74亿元，占比仅为0.19%，是15个城市中最低的，也是15个城市中唯一的私营工业企业利润在10亿元以下的城市。江苏地区南通市、常州市和泰州市分别位列前三。浙江地区宁波市最高，为258.04亿元，占比为7.11%，绍兴市和杭州市分别位列第二和第三。

表5-11　2017年长三角核心区15个城市私营工业企业利润

城市		利润（亿元）	占比（%）
上海市		267.55	7.37
江苏地区	南京市	110.74	3.05
	无锡市	322.47	8.89
	常州市	375.61	10.35
	苏州市	270.38	7.45
	南通市	601.21	16.57
	扬州市	269.98	7.44
	镇江市	147.54	4.07
	泰州市	362.45	9.99
浙江地区	杭州市	183.99	5.07
	宁波市	258.04	7.11
	嘉兴市	156.82	4.32
	绍兴市	206.41	5.69
	舟山市	6.74	0.19
	台州市	89.04	2.45
合计		3628.97	100.00

[①] 湖州市相关资料空缺，故本节只分析15个城市。

长三角核心区 15 个城市私营工业企业利润总体上呈现增长态势，除舟山市之外其他 14 个城市未出现规模萎缩，舟山市 2010 年为 19.57 亿元，2017 年下降到 6.74 亿元，如图 5-7 所示。2017 年南通市、常州市、泰州市、无锡市、苏州市、扬州市列前六位。

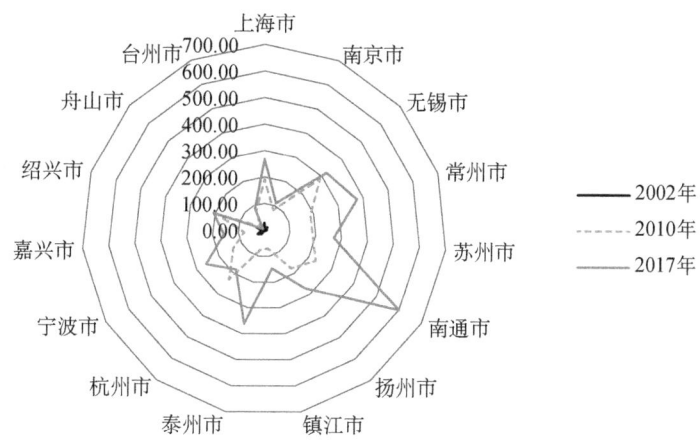

图 5-7 2002 年、2010 年、2017 年长三角核心区 15 个城市私营工业企业利润情况
图中数字表示私营工业企业利润，单位为亿元

2017 年，长三角核心区 15 个城市平均私营工业企业利润为 241.93 亿元，其中南通市、常州市、泰州市、无锡市、苏州市、扬州市、上海市、宁波市 8 个城市位于平均水平之上，这 8 个城市私营工业企业利润为 2727.69 亿元，占长三角核心区 16 个城市的 75.16%，如图 5-8 所示。

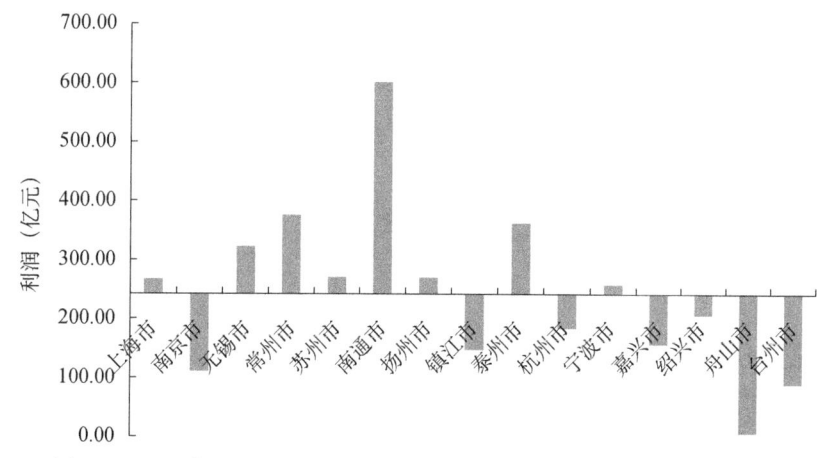

图 5-8 2017 年长三角核心区 15 个城市私营工业企业利润与平均值比较

5.3.2 从增速看发展

2002~2017 年,长三角核心区 15 个城市私营工业企业利润保持较快增长态势,由 171.29 亿元增长到 3628.97 亿元,增长了 20.19 倍,年均增长率为 22.58%,如表 5-12 所示。分地区来看,江苏地区增长较为显著,如图 5-9 所示。江苏地区南通市、泰州市 2 个城市增长了 100 倍以上,年均增长率在 40%以上;常州市、扬州市 2 个城市增长了 50 倍以上,年均增长率在 30%以上。浙江地区嘉兴市、台州市 2 个城市增长了 10 倍以上,杭州市、宁波市、绍兴市、舟山市 4 个城市增长倍数均在 10 以下。

表 5-12　长三角核心区 15 个城市私营工业企业利润及增长

城市		2002 年（亿元）	2017 年（亿元）	2017 年比 2002 年增长倍数（倍）	2002~2017 年年均增长率（%）
上海市		27.11	267.55	8.87	16.49
江苏地区	南京市	6.64	110.74	15.68	20.64
	无锡市	15.77	322.47	19.45	22.29
	常州市	5.00	375.61	74.12	33.37
	苏州市	9.62	270.38	27.11	24.91
	南通市	3.26	601.21	183.42	41.60
	扬州市	3.99	269.98	66.66	32.44
	镇江市	3.98	147.54	36.07	27.23
	泰州市	2.31	362.45	155.90	40.08
浙江地区	杭州市	18.07	183.99	9.18	16.73
	宁波市	28.91	258.04	7.93	15.71
	嘉兴市	9.41	156.82	15.67	20.63
	绍兴市	29.77	206.41	5.93	13.78
	舟山市	1.06	6.74	5.36	13.12
	台州市	6.39	89.04	12.93	19.20
合计		171.29	3628.97	20.19	22.58

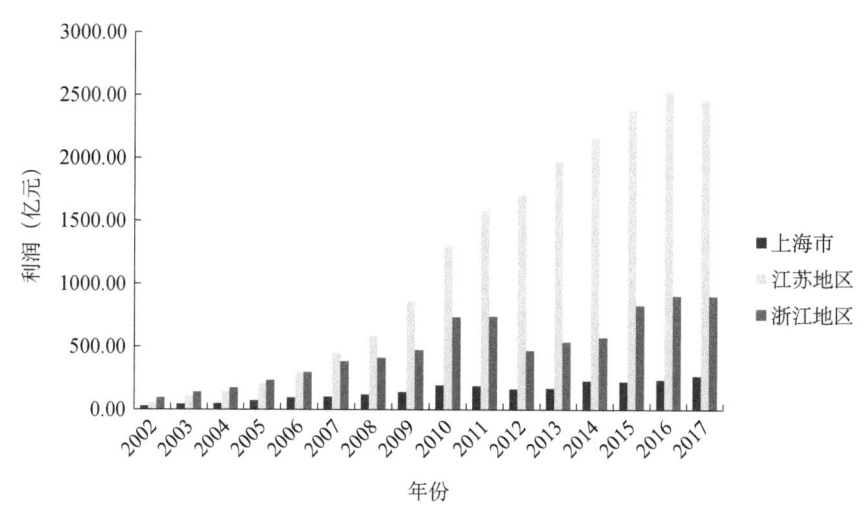

图 5-9 2002～2017 年上海市、江苏地区、浙江地区私营工业企业利润变化情况

5.3.3 从比值看地位

单是私营工业企业的利润不能反映该地区的竞争力,如表 5-13 所示。可以通过在工业的占比来反映长三角私营工业企业的竞争力,更全面地展示长三角私营工业企业效益的现状。表 5-14 显示,2002～2017 年长三角核心区 15 个城市私营工业企业占工业企业比重,总体上保持上升态势,略有调整,从 2002 年的 11.34% 上升到 2017 年的 24.73%。表 5-15 展示了 2017 年长三角核心区 15 个城市私营工业企业利润占工业企业比重情况,舟山市、南通市、扬州市、常州市占本市工业比重均超过 50%,上海市是 15 个城市中唯一占比低于 10% 的,为 8.25%。

表 5-13 2000～2017 年长三角核心区 16 个城市私营工业企业利润

(单位:亿元)

城市		2000 年	2001 年	2002 年	2003 年	2004 年	2005 年
上海市		4.74	16.57	27.11	42.66	48.88	71.89
江苏地区	南京市	2.64	4.12	6.64	9.77	9.96	21.98
	无锡市	2.21	7.69	15.77	26.29	34.75	48.77
	常州市	1.84	2.73	5.00	17.52	27.50	33.03
	苏州市	1.50	5.67	9.62	35.19	38.46	43.25

续表

城市		2000年	2001年	2002年	2003年	2004年	2005年
江苏地区	南通市	0.59	1.23	3.26	6.11	11.67	27.72
	扬州市	—	—	3.99	6.50	9.69	14.23
	镇江市	—	—	3.98	4.74	6.78	9.92
	泰州市	0.79	1.30	2.31	4.10	6.66	9.69
浙江地区	杭州市	6.47	12.68	18.07	29.38	39.37	54.96
	宁波市	11.71	20.04	28.91	39.23	53.57	65.93
	嘉兴市	—	6.33	9.41	16.61	17.43	22.59
	湖州市	—	—	—	—	—	—
	绍兴市	14.55	23.18	29.77	39.11	47.02	69.61
	舟山市	—	—	1.06	1.50	2.46	1.84
	台州市	4.22	5.39	6.39	14.14	12.74	18.48
城市		2006年	2007年	2008年	2009年	2010年	2011年
上海市		94.05	102.90	118.54	139.82	191.57	186.99
江苏地区	南京市	15.47	23.72	40.15	48.51	82.82	103.74
	无锡市	70.76	100.44	122.45	207.21	287.81	344.47
	常州市	45.16	61.69	82.55	127.87	187.22	230.82
	苏州市	59.05	86.15	90.06	119.22	187.39	176.32
	南通市	54.28	91.07	125.58	173.73	230.54	289.66
	扬州市	22.77	35.81	48.95	82.44	177.83	216.85
	镇江市	14.58	23.81	42.92	52.05	71.05	102.05
	泰州市	15.87	24.72	31.03	51.26	76.51	121.17
浙江地区	杭州市	71.24	92.61	124.92	129.05	230.10	235.19
	宁波市	86.16	100.59	71.25	92.16	136.99	119.15
	嘉兴市	25.23	34.54	41.62	46.69	77.82	88.59
	湖州市	—	—	—	—	—	—
	绍兴市	85.03	113.86	118.42	145.52	193.71	220.08
	舟山市	3.11	4.46	11.80	10.37	19.57	18.94
	台州市	25.90	37.51	42.34	49.35	76.87	60.78
城市		2012年	2013年	2014年	2015年	2016年	2017年
上海市		161.03	166.13	228.03	220.68	235.87	267.55
江苏地区	南京市	117.33	168.61	180.79	186.44	197.52	110.74
	无锡市	295.99	305.69	278.28	309.67	296.54	322.47

续表

城市		2012年	2013年	2014年	2015年	2016年	2017年
江苏地区	常州市	267.41	290.42	343.66	366.05	390.65	375.61
	苏州市	159.99	157.24	166.78	191.29	221.24	270.38
	南通市	367.44	432.07	463.57	514.37	584.74	601.21
	扬州市	213.40	258.32	284.89	297.57	293.67	269.98
	镇江市	125.06	153.28	181.76	192.89	207.30	147.54
	泰州市	165.63	208.37	257.90	323.84	330.92	362.45
浙江地区	杭州市	—	—	—	186.22	182.42	183.99
	宁波市	125.77	144.91	160.57	185.92	211.85	258.04
	嘉兴市	66.45	89.23	103.77	112.20	141.79	156.82
	湖州市	—	—	—	—	—	—
	绍兴市	220.65	244.91	245.65	274.81	276.58	206.41
	舟山市	4.13	2.98	7.09	7.39	10.38	6.74
	台州市	49.91	52.67	53.73	61.04	79.48	89.04

表5-14 2002～2017年长三角核心区15个城市私营工业企业利润占工业企业比重

年份	私营工业企业（亿元）	工业企业（亿元）	私营工业企业占工业企业比重（%）
2002	171.29	1 510.52	11.34
2003	292.85	2 138.43	13.69
2004	366.94	2 758.87	13.30
2005	513.89	3 016.63	17.04
2006	688.66	3 832.44	17.97
2007	933.88	5 097.54	18.32
2008	1 112.58	4 731.87	23.51
2009	1 475.25	6 468.91	22.81
2010	2 227.80	9 544.26	23.34
2011	2 514.80	10 297.53	24.42
2012	—	9 736.93	—
2013	—	11 154.62	—
2014	—	11 987.70	—
2015	3 430.38	12 463.16	27.52
2016	3 660.95	13 934.50	26.27
2017	3 628.97	14 674.26	24.73

表 5-15 2017 年长三角核心区 15 个城市私营工业企业利润占工业企业比重

城市		私营工业企业（亿元）	工业企业（亿元）	私营工业企业占工业企业比重（%）
上海市		267.55	3243.80	8.25
江苏地区	南京市	110.74	867.69	12.76
	无锡市	322.47	1053.61	30.61
	常州市	375.61	715.99	52.46
	苏州市	270.38	2002.15	13.50
	南通市	601.21	1128.18	53.29
	扬州市	269.98	507.25	53.22
	镇江市	147.54	649.72	22.71
	泰州市	362.45	861.66	42.06
浙江地区	杭州市	183.99	998.56	18.43
	宁波市	258.04	1287.46	20.04
	嘉兴市	156.82	562.79	27.86
	绍兴市	206.41	504.91	40.88
	舟山市	6.74	12.58	53.58
	台州市	89.04	277.91	32.04

5.4 年平均就业人数[①]

5.4.1 从总量看态势

2017 年长三角核心区 13 个城市私营工业企业年平均就业人数为 482.59 万人，如表 5-16 所示。其中，宁波市为 81.53 万人，占比为 16.89%，在 13 个城市中位列第一；舟山市为 4.01 万人，占比仅为 0.83%，列倒数第一，也是 13 个城市中唯一的私营工业年平均就业人数在 10 万人以下的城市。占比在 10% 以上的城市仅宁波市、无锡市、南通市。私营工业企业年平均就业人数在 50 万人以上的有宁波市、无锡市。江苏地区

---

① 常州市、苏州市、湖州市相关资料空缺，故本节只分析 13 个城市。

无锡市最高，为 50.59 万人，占比为 10.56%，南通市和扬州市分别位列第二和第三。浙江地区宁波市、嘉兴市和杭州市分别位列前三。上海市私营工业企业年平均就业人数为 47.78 万人，占比为 9.90%。

表 5-16　2017 年长三角核心区 13 个城市私营工业企业年平均就业人数

城市		年平均就业人数（万人）	占比（%）
上海市		47.78	9.90
江苏地区	南京市	15.96	3.31
	无锡市	50.95	10.56
	南通市	49.59	10.28
	扬州市	34.45	7.14
	镇江市	20.00	4.14
	泰州市	26.22	5.43
浙江地区	杭州市	40.99	8.49
	宁波市	81.53	16.89
	嘉兴市	42.40	8.79
	绍兴市	37.82	7.84
	舟山市	4.01	0.83
	台州市	30.89	6.40
合计		482.59	100.00

长三角核心区 13 个城市私营工业企业年平均就业人数总体上呈现先增长后下降态势，如图 5-10 所示。2017 年宁波市、无锡市、南通市、上海市、嘉兴市、杭州市列前六位。

2017 年，长三角核心区 13 个城市私营工业企业年平均就业人数平均值为 37.12 万人，其中宁波市、无锡市、南通市、上海市、嘉兴市、杭州市、绍兴市 7 个城市位于平均水平之上，这 7 个城市私营工业企业年平均就业人数为 351.06 万人，占长三角核心区 13 个城市的 72.75%，如图 5-11 所示。

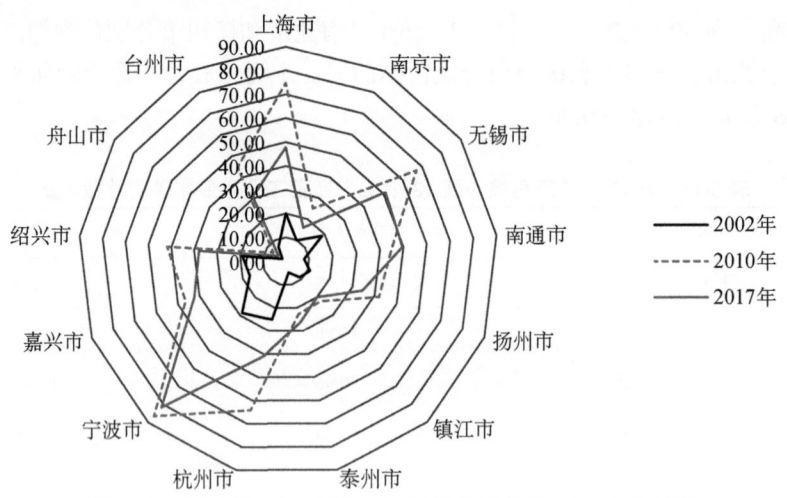

图 5-10 2002 年、2010 年、2017 年长三角核心区 13 个城市
私营工业企业年平均就业人数情况

图中数字表示私营工业企业年平均就业人数，单位为万人

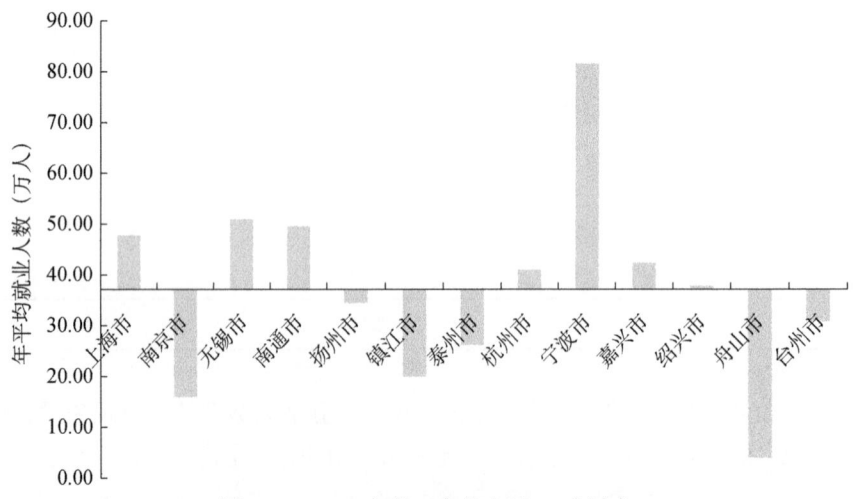

图 5-11 2017 年长三角核心区 13 个城市
私营工业企业年平均就业人数与平均值比较

5.4.2 从增速看发展

2002～2017 年，长三角核心区 13 个城市私营工业企业年平均就业人数呈现先增

长后稳定态势，由 179.54 万人增长到 482.59 万人，增长了 1.69 倍，年均增长率为 6.81%，如表 5-17 所示。分地区来看，江苏地区增长较为显著，如图 5-12 所示。江苏地区泰州市和南通市增长了 4 倍以上，年均增长率在 11%以上，扬州市增长了 2.11 倍；浙江地区台州市增长了 3.49 倍，年均增长率为 10.53%，宁波市、嘉兴市和舟山市增长了 1 倍以上；上海市增长了 1.39 倍，年均增长率为 5.97%。

表 5-17 长三角核心区 13 个城市私营工业企业年平均就业人数及增长情况

城市		2002 年（万人）	2017 年（万人）	2017 年比 2000 年增长倍数（倍）	2000~2017 年年均增长率（%）
上海市		20.02	47.78	1.39	5.97
江苏地区	南京市	9.92	15.96	0.61	3.22
	无锡市	18.77	50.95	1.71	6.88
	南通市	7.92	49.59	5.26	13.01
	扬州市	11.06	34.45	2.11	7.87
	镇江市	8.91	20.00	1.24	5.53
	泰州市	4.83	26.22	4.43	11.94
浙江地区	杭州市	25.05	40.99	0.64	3.34
	宁波市	28.64	81.53	1.85	7.22
	嘉兴市	16.70	42.40	1.54	6.41
	绍兴市	18.99	37.82	0.99	4.70
	舟山市	1.85	4.01	1.17	5.30
	台州市	6.88	30.89	3.49	10.53
合计		179.54	482.59	1.69	6.81

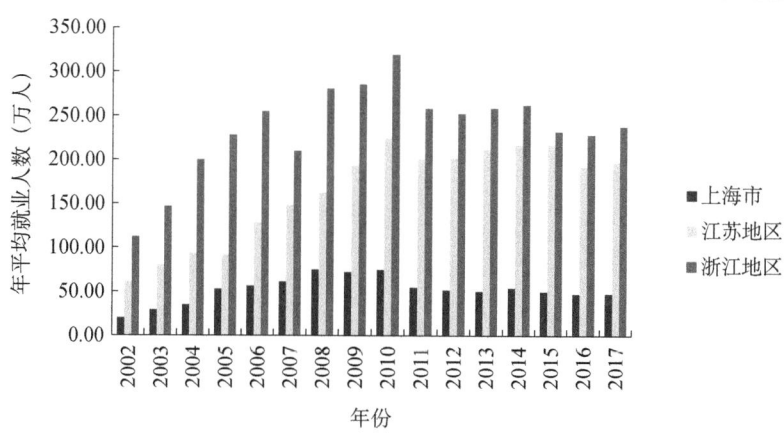

图 5-12 2002~2017 年上海市、江苏地区、浙江地区私营工业企业年平均就业人数变化情况

5.4.3 从比值看地位

单是年平均就业人数不能反映该地区私营工业企业的竞争力,如表 5-18 所示。可以通过在工业的占比来反映长三角私营工业企业的竞争力,更全面地展示长三角私营工业企业发展的现状。2010 年以前长三角核心区 13 个城市私营工业企业年平均就业人数占工业企业比重保持上升趋势,2010 年以后略有动荡,2017 年占比达到 42.90%,如表 5-19 所示。分城市来看,2017 年扬州市、舟山市、绍兴市、宁波市、南通市 5 个城市私营工业企业年平均就业人数占本市工业企业比重超过 50%,南京市和上海市占比低于 30%,其余 6 个城市的占比在 30%~50%,如表 5-20 所示。

表 5-18 2000～2017 年长三角核心区 16 个城市私营工业企业年平均就业人数

(单位:万人)

	城市	2000 年	2001 年	2002 年	2003 年	2004 年	2005 年
	上海市	2.27	14.03	20.02	28.97	35.02	53.13
江苏地区	南京市	—	6.07	9.92	12.44	11.41	11.79
	无锡市	7.04	12.24	18.77	24.82	30.07	36.16
	常州市	4.85	6.15	9.14	18.02	29.17	27.62
	苏州市	6.32	16.22	22.46	39.74	45.88	53.77
	南通市	2.33	4.66	7.92	10.89	15.43	1.63
	扬州市	—	—	11.06	13.37	15.21	17.16
	镇江市	—	—	8.91	11.49	12.33	13.36
	泰州市	3.33	3.83	4.83	6.85	8.81	11.41
浙江地区	杭州市	10.63	20.04	25.05	31.35	37.21	44.43
	宁波市	13.50	21.63	28.64	37.23	62.18	67.97
	嘉兴市	0.00	10.22	16.70	23.39	38.14	38.09
	湖州市	—	—	—	—	—	—
	绍兴市	11.65	16.90	18.99	23.04	29.95	37.54
	舟山市	—	—	1.85	2.26	2.94	3.29
	台州市	5.00	7.03	6.88	13.35	13.36	18.40
	城市	2006 年	2007 年	2008 年	2009 年	2010 年	2011 年
	上海市	56.70	61.33	75.01	72.15	74.63	54.69
江苏地区	南京市	11.95	13.84	19.50	21.84	24.98	22.80
	无锡市	41.64	46.43	48.33	59.10	67.12	56.53

续表

	城市	2006 年	2007 年	2008 年	2009 年	2010 年	2011 年
江苏地区	常州市	30.76	34.08	1.85	52.91	56.21	—
	苏州市	59.03	66.04	67.00	79.89	85.00	—
	南通市	26.88	31.55	33.55	40.33	45.04	40.69
	扬州市	20.07	25.04	26.03	32.44	41.97	40.31
	镇江市	14.72	16.32	18.66	19.99	22.29	21.37
	泰州市	12.89	14.85	15.72	19.43	22.73	18.53
浙江地区	杭州市	46.62	50.92	57.03	57.79	64.13	51.90
	宁波市	78.02	84.80	76.07	75.23	86.39	65.15
	嘉兴市	41.52	43.57	45.29	44.06	46.42	37.19
	湖州市	—	—	—	—	—	—
	绍兴市	41.14	45.34	48.27	48.71	51.83	44.36
	舟山市	3.47	3.84	3.84	4.72	6.59	5.64
	台州市	24.55	32.32	35.63	35.35	44.74	32.43

	城市	2012 年	2013 年	2014 年	2015 年	2016 年	2017 年
	上海市	51.96	50.50	54.07	50.29	47.36	47.78
江苏地区	南京市	20.19	22.02	22.52	22.15	21.74	15.96
	无锡市	55.67	56.65	53.80	52.25	49.75	50.95
	常州市	—	—	—	—	—	—
	苏州市	—	—	—	—	—	—
	南通市	44.24	47.25	48.47	50.30	51.66	49.59
	扬州市	40.15	39.54	41.04	40.20	39.23	34.45
	镇江市	22.84	25.62	28.29	28.00	27.40	20.00
	泰州市	18.74	20.79	22.55	23.89	1.80	26.22
浙江地区	杭州市	50.86	47.79	44.37	42.94	41.30	40.99
	宁波市	64.36	68.01	71.84	73.25	73.19	81.53
	嘉兴市	36.41	37.71	39.55	39.22	39.69	42.40
	湖州市	—	—	—	—	—	—
	绍兴市	43.84	43.47	43.39	43.42	41.47	37.82
	舟山市	4.77	4.44	4.38	4.97	4.55	4.01
	台州市	28.70	27.49	27.73	28.37	28.22	30.89

表 5-19 2002~2017 年长三角核心区 13 个城市私营工业企业年平均就业人数占工业企业比重

年份	私营工业企业（万人）	工业企业（万人）	私营工业企业占工业企业比重（%）
2002	179.54	761.41	23.58
2003	239.45	835.98	28.64
2004	312.06	964.50	32.35
2005	354.36	1047.68	33.82
2006	420.17	1131.03	37.15
2007	470.15	1222.53	38.46
2008	502.93	1270.96	39.57
2009	531.14	1289.10	41.20
2010	598.86	1391.26	43.04
2011	491.59	—	—
2012	430.77	—	—
2013	440.78	1255.59	35.11
2014	447.93	1246.26	35.94
2015	448.96	1209.02	37.13
2016	420.00	1173.20	35.80
2017	482.59	1124.85	42.90

表 5-20 2017 年长三角核心区 13 个城市私营工业企业年平均就业人数占工业企业比重

	城市	私营工业企业（万人）	工业企业（万人）	私营工业企业占工业企业比重（%）
	上海市	47.78	204.67	23.34
江苏地区	南京市	15.96	64.26	24.84
	无锡市	50.95	117.59	43.33
	南通市	49.59	95.79	51.77
	扬州市	34.45	61.11	56.37
	镇江市	20.00	42.75	46.78
	泰州市	26.22	58.79	44.60
浙江地区	杭州市	40.99	105.57	38.83
	宁波市	81.53	148.69	54.83
	嘉兴市	42.40	85.47	49.61
	绍兴市	37.82	68.96	54.84
	舟山市	4.01	7.21	55.62
	台州市	30.89	63.99	48.27

6 外商和港澳台商投资工业企业

外商投资企业是指企业注册登记类型中的中外合资、合作经营企业、外资企业和外商投资股份有限公司之和。港澳台商投资企业是指企业注册登记类型中的港澳台资合资、合作、独资经营企业和股份有限公司之和。

6.1 企 业 数

6.1.1 从总量看态势

2017年长三角核心区16个城市外商和港澳台商投资工业企业数为16 509个,如表6-1所示。其中,苏州市为4111个,占比为24.90%,在16个城市中位列第一;舟山市外商和港澳台商投资工业企业数为23个,占比仅为0.14%,列倒数第一,也是16个城市中唯一的企业数在100个以下的城市。占比在20%以上的城市仅苏州市、上海市,其余城市占比均低于10%。外商和港澳台商投资工业企业数在1000个以上的有苏州市、上海市、宁波市、无锡市、南通市、嘉兴市6个城市。江苏地区苏州市、无锡市和南通市分别位列前三。浙江地区宁波市最高,为1468个,占比为8.89%,嘉兴市和杭州市分别位列第二和第三。

表6-1 2017年长三角核心区16个城市外商和港澳台商投资工业企业数

城市		企业数(个)	占比(%)
上海市		3 393	20.55
江苏地区	南京市	532	3.22
	无锡市	1 179	7.14
	常州市	743	4.50
	苏州市	4 111	24.90
	南通市	1 022	6.19
	扬州市	367	2.22
	镇江市	391	2.37
	泰州市	309	1.87
浙江地区	杭州市	850	5.15
	宁波市	1 468	8.89

6 外商和港澳台商投资工业企业

续表

城市		企业数（个）	占比（%）
浙江地区	嘉兴市	1 003	6.08
	湖州市	378	2.29
	绍兴市	588	3.56
	舟山市	23	0.14
	台州市	152	0.92
合计		16 509	100.00

长三角核心区 16 个城市外商和港澳台商投资工业企业数总体上呈现先增长后下降态势，如图 6-1 所示。2017 年苏州市、上海市、宁波市、无锡市、南通市、嘉兴市列前六位。

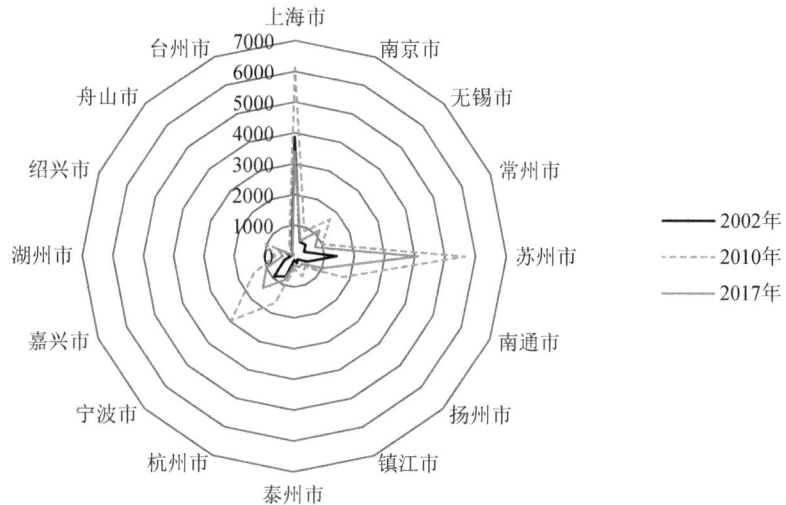

图 6-1　2000 年、2010 年、2017 年长三角核心区 16 个城市
外商和港澳台商投资工业企业数情况
图中数字表示外商和港澳台商投资工业企业数，单位为个

2017 年，长三角核心区 16 个城市平均外商和港澳台商投资工业企业数为 1031.81 个，其中苏州市、上海市、宁波市、无锡市 4 个城市位于平均水平之上，这 4 个城市外商和港澳台商投资工业企业数为 10 151 个，占长三角核心区 16 个城市的 61.49%，如图 6-2 所示。

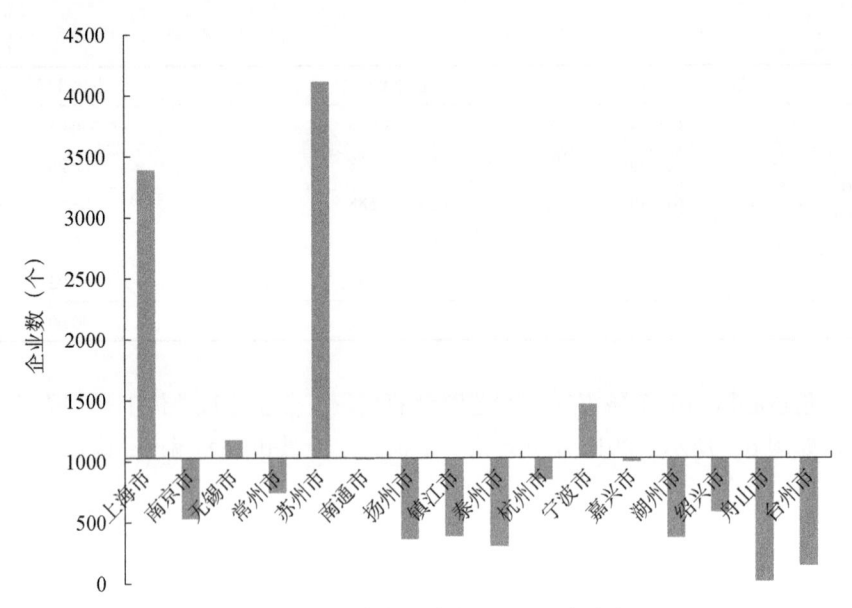

图 6-2　2017 年长三角核心区 16 个城市
外商和港澳台商投资工业企业数与平均值比较

6.1.2　从增速看发展

2002~2017 年，长三角核心区 16 个城市外商和港澳台商投资工业企业数保持较快增长态势，由 10 303 个增长到 16 509 个，增长了 0.60 倍，年均增长率为 3.19%，如表 6-2 所示。分地区来看，江苏地区增长较为显著，如图 6-3 所示。江苏地区南京市和镇江市增长倍数在 1 倍以下，其余 6 个城市均增长超过 1 倍，年均增长率在 5% 以上。浙江地区湖州市和嘉兴市增长了 1 倍以上，年均增长率在 7% 以上；台州市的增长为负数；其余 4 个城市的增长均未超过 1 倍。上海市减少了 12%，年均增长率为 -0.87%。

表 6-2　长三角核心区 16 个城市外商和港澳台商投资工业企业数及增长情况

城市		2002 年（个）	2017 年（个）	2017 年比 2002 年增长倍数（倍）	2002~2017 年年均增长率（%）
上海市		3 870	3 393	-0.12	-0.87
江苏地区	南京市	488	532	0.09	0.58
	无锡市	523	1 179	1.25	5.57

续表

城市		2002年（个）	2017年（个）	2017年比2002年增长倍数（倍）	2002~2017年年均增长率（%）
江苏地区	常州市	352	743	1.11	5.11
	苏州市	1 410	4 111	1.92	7.39
	南通市	471	1 022	1.17	5.30
	扬州市	157	367	1.34	5.82
	镇江市	250	391	0.56	3.03
	泰州市	134	309	1.31	5.73
浙江地区	杭州市	710	850	0.20	1.21
	宁波市	929	1 468	0.58	3.10
	嘉兴市	346	1 003	1.90	7.35
	湖州市	112	378	2.38	8.45
	绍兴市	327	588	0.80	3.99
	舟山市	19	23	0.21	1.28
	台州市	205	152	-0.26	-1.97
合计		10 303	16 509	0.60	3.19

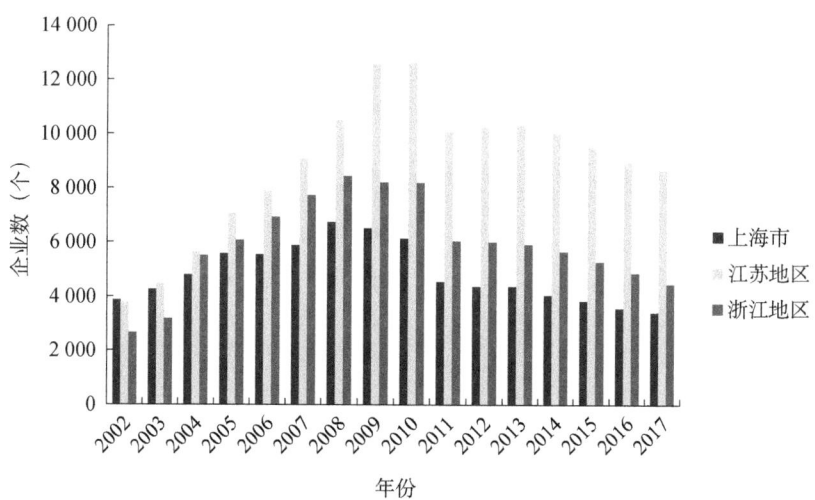

图6-3　2002~2017年上海市、江苏地区、浙江地区外商和港澳台商投资工业企业数变化情况

6.1.3 从比值看地位

单是企业数不能反映该地区外商和港澳台商投资工业企业的竞争力，如表6-3所示。可以通过在工业的占比来反映长三角工业的竞争力，更全面地展示长三角外商和港澳台商投资工业企业发展的现状。表6-4显示了2002~2017年长三角核心区16个城市外商和港澳台商投资工业企业数占工业企业比重情况，2011年以前该比重总体呈上升趋势，2011年占比达到29.94%；2011年以后呈现下降趋势，但都保持在22%以上。分城市来看，2017年上海市和苏州市外商和港澳台商投资工业企业数占本市工业企业比重高于40%，舟山市和台州市占比低于10%，其他12个城市占比均在10%~30%，如表6-5所示。

表6-3 2000~2017年长三角核心区16个城市外商和港澳台商投资工业企业数

(单位：个)

城市		2000年	2001年	2002年	2003年	2004年	2005年
上海市		3298	3661	3870	4256	4797	5582
江苏地区	南京市	418	457	488	508	638	617
	无锡市	436	471	523	651	789	1022
	常州市	268	291	352	445	802	607
	苏州市	982	1222	1410	1617	1972	2947
	南通市	362	411	471	582	685	920
	扬州市	—	—	157	206	228	295
	镇江市	—	—	250	312	342	432
	泰州市	116	113	134	148	186	223
浙江地区	杭州市	514	660	710	790	903	1314
	宁波市	629	825	929	1067	2115	2331
	嘉兴市	248	265	346	487	1010	981
	湖州市	—	83	112	156	205	306
	绍兴市	214	257	327	411	884	758
	舟山市	—	14	19	22	39	35
	台州市	142	202	205	233	356	352
城市		2006年	2007年	2008年	2009年	2010年	2011年
上海市		5547	5882	6737	6516	6128	4543
江苏地区	南京市	555	612	827	819	867	656
	无锡市	1133	1235	1359	1642	1682	1370
	常州市	712	795	866	1023	1009	734

续表

城市		2006年	2007年	2008年	2009年	2010年	2011年
江苏地区	苏州市	3278	3854	4500	5708	5659	4661
	南通市	1113	1368	1539	1790	1762	1321
	扬州市	325	388	425	476	500	403
	镇江市	484	531	611	693	711	581
	泰州市	273	316	372	426	426	343
浙江地区	杭州市	1385	1592	1713	1614	1646	1252
	宁波市	2655	2944	3165	3026	2960	2182
	嘉兴市	1197	1305	1409	1430	1454	1011
	湖州市	396	453	575	607	635	503
	绍兴市	863	968	1068	1032	1021	753
	舟山市	41	47	53	47	42	31
	台州市	385	422	450	446	433	304
城市		2012年	2013年	2014年	2015年	2016年	2017年
上海市		4365	4369	4046	3817	3553	3393
江苏地区	南京市	656	673	649	617	591	532
	无锡市	1370	1369	1293	1232	1195	1179
	常州市	798	810	854	809	764	743
	苏州市	4777	4768	4623	4390	4174	4111
	南通市	1277	1282	1235	1160	1108	1022
	扬州市	410	419	412	398	381	367
	镇江市	594	634	611	554	478	391
	泰州市	361	361	357	348	256	309
浙江地区	杭州市	1227	1198	1130	1054	946	850
	宁波市	2101	1996	1887	1761	1608	1468
	嘉兴市	1074	1091	1090	1073	1030	1003
	湖州市	502	512	486	452	419	378
	绍兴市	766	801	780	711	666	588
	舟山市	33	29	25	23	20	23
	台州市	297	282	248	201	175	152

表6-4　2002~2017年长三角核心区16个城市外商和港澳台商投资工业企业数占工业企业比重

年份	外商和港澳台商投资工业企业（个）	工业企业（个）	外商和港澳台商投资工业企业占工业企业比重（%）
2002	10 303	43 153	23.88
2003	11 891	49 275	24.13
2004	15 951	67 175	23.75
2005	18 722	71 875	26.05
2006	20 342	78 075	26.05
2007	22 712	87 192	26.05
2008	25 669	100 797	25.47
2009	27 295	110 680	24.66
2010	26 935	114 202	23.59
2011	20 648	68 957	29.94
2012	20 608	71 369	28.88
2013	20 594	74 610	27.60
2014	19 726	75 275	26.21
2015	18 600	74 442	24.99
2016	17 364	72 336	24.00
2017	16 509	72 719	22.70

表6-5　2017年长三角核心区16个城市外商和港澳台商投资工业企业数占工业企业比重

城市		外商和港澳台商投资工业企业（个）	工业企业（个）	外商和港澳台商投资工业企业占工业企业比重（%）
上海市		3393	8122	41.78
江苏地区	南京市	532	2348	22.66
	无锡市	1179	5258	22.42
	常州市	743	4240	17.52
	苏州市	4111	9840	41.78
	南通市	1022	5131	19.92
	扬州市	367	2693	13.63
	镇江市	391	2046	19.11
	泰州市	309	2992	10.33
浙江地区	杭州市	850	5533	15.36
	宁波市	1468	7570	19.39
	嘉兴市	1003	5396	18.59
	湖州市	378	2945	12.84
	绍兴市	588	4494	13.08
	舟山市	23	351	6.55
	台州市	152	3760	4.04

6.2 主营业务收入

6.2.1 从总量看态势

2016 年长三角核心区 16 个城市外商和港澳台商投资工业企业主营业务收入为 80 240.09 亿元，如表 6-6 所示。其中，上海市为 21 172.53 亿元，占比为 26.39%，在 16 个城市中位列第一；舟山市为 96.40 亿元，占比仅为 0.12%，是外商和港澳台商投资工业企业主营业务收入最低的城市，也是 15 个城市中唯一的外商和港澳台商投资工业企业主营业务收入在 100 亿元以下的城市。占比在 20% 以上的城市除上海市外还有苏州市。江苏地区苏州市最高，为 19 618.14 亿元，占比为 24.45%，无锡市和南京市分别位列第二和第三。浙江地区宁波市最高，为 4386.71 亿元，占比为 5.47%，杭州市和嘉兴市分别位列第二和第三。

表 6-6 2016 年长三角核心区 16 个城市外商和港澳台商投资工业企业主营业务收入

城市		主营业务收入（亿元）	占比（%）
上海市		21 172.53	26.39
江苏地区	南京市	4 721.57	5.88
	无锡市	5 189.94	6.47
	常州市	4 029.59	5.02
	苏州市	19 618.14	24.45
	南通市	4 550.23	5.67
	扬州市	2 703.06	3.37
	镇江市	2 803.50	3.49
	泰州市	1 937.76	2.41
浙江地区	杭州市	3 264.92	4.07
	宁波市	4 386.71	5.47
	嘉兴市	2 327.68	2.90
	湖州市	1 089.67	1.36
	绍兴市	1 935.67	2.41
	舟山市	96.40	0.12
	台州市	412.72	0.51
合计		80 240.09	100.00

长三角核心区 16 个城市外商和港澳台商投资工业企业主营业务收入总体上呈现增长态势，除舟山市之外其他 15 个城市未出现规模萎缩，舟山市 2010 年为 145.79 亿

元，2016 年下降到 96.40 亿元，如图 6-4 所示。2016 年上海市、苏州市、无锡市、南京市、南通市、宁波市列前六位。

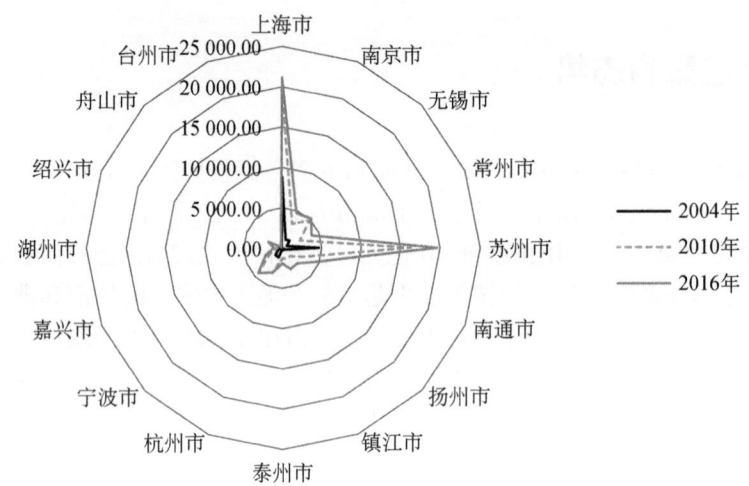

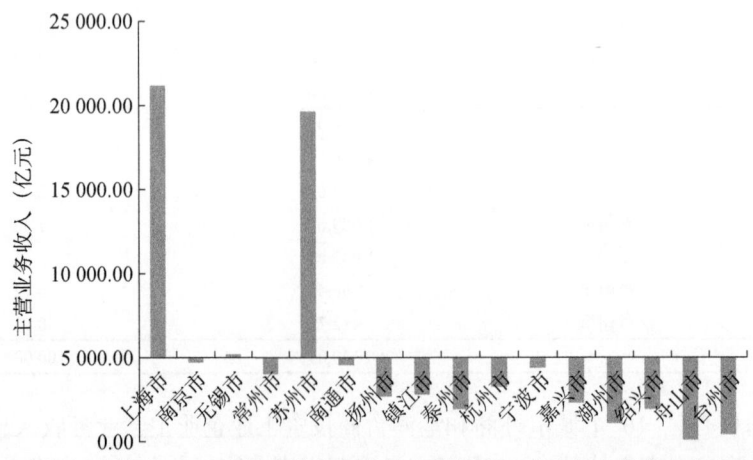

图 6-4 2004 年、2010 年、2016 年长三角核心区 16 个城市
外商和港澳台商投资工业企业主营业务收入情况
图中数字表示外商和港澳台商投资工业企业主营业务收入，单位为亿元

2016 年，长三角核心区 16 个城市平均外商和港澳台商投资工业企业主营业务收入为 5015.01 亿元，其中上海市、苏州市、无锡市 3 个城市位于平均水平之上，这 3 个城市外商和港澳台商投资工业企业主营业务收入为 45 980.60 亿元，占长三角核心区 16 个城市的 57.30%，如图 6-5 所示。

图 6-5 2016 年长三角核心区 16 个城市外商和港澳台商投资工业企业主营业务收入与平均值比较

6.2.2 从增速看发展

2004~2016 年,长三角核心区 16 个城市外商和港澳台商投资工业企业主营业务收入保持较快增长态势,由 21 658.41 亿元增长到 80 240.09 亿元,增长了 2.70 倍,年均增长率为 11.53%,如表 6-7 所示。分地区来看,江苏地区增长较为显著,如图 6-6 所示。江苏地区扬州市、泰州市 2 个城市增长超过 10 倍,年均增长率在 20%以上;无锡市增长最少,增长了 3.05 倍。浙江地区湖州市增长最快,增长了 9.42 倍,年均增长率为 21.57%;台州市增长最少,仅增长 1.12 倍。

表 6-7 长三角核心区 16 个城市外商和港澳台商投资工业企业主营业务收入及增长

城市		2004 年（亿元）	2016 年（亿元）	2016 年比 2004 年增长倍数（倍）	2004~2016 年年均增长率（%）
上海市		8 790.91	21 172.53	1.41	7.60
江苏地区	南京市	1 082.75	4 721.57	3.36	13.06
	无锡市	1 282.43	5 189.94	3.05	12.36
	常州市	613.67	4 029.59	5.57	16.98
	苏州市	4 622.56	19 618.14	3.24	12.80
	南通市	544.18	4 550.23	7.36	19.36
	扬州市	157.92	2 703.06	16.12	26.70
	镇江市	310.08	2 803.50	8.04	20.14
	泰州市	124.91	1 937.76	14.51	25.67
浙江地区	杭州市	1 273.05	3 264.92	1.56	8.16
	宁波市	1 265.13	4 386.71	2.47	10.92
	嘉兴市	568.95	2 327.68	3.09	12.46
	湖州市	104.60	1 089.67	9.42	21.57
	绍兴市	680.92	1 935.67	1.84	9.10
	舟山市	41.67	96.40	1.31	7.24
	台州市	194.68	412.72	1.12	6.46
合计		21 658.41	80 240.09	2.70	11.53

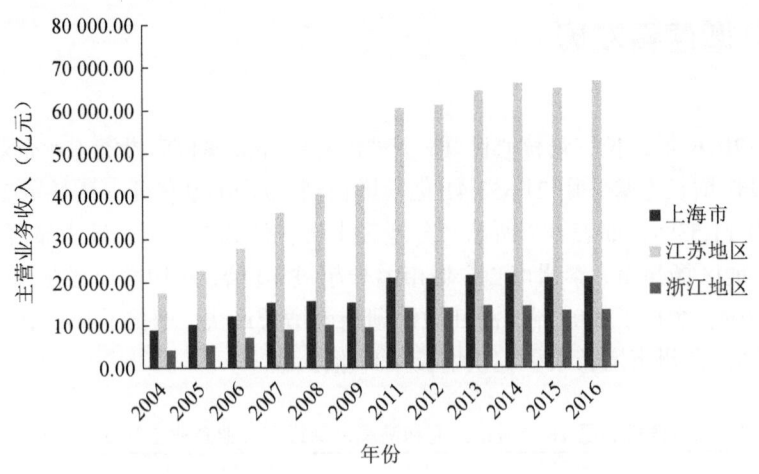

图 6-6　2004~2016 年上海市、江苏地区、浙江地区外商和港澳台商投资工业企业主营业务收入变化情况

6.2.3　从比值看地位

单是外商和港澳台商投资工业企业主营业务收入不能反映该地区的竞争力，如表 6-8 所示。可以通过在工业的占比来反映长三角外商和港澳台商投资工业企业的竞争力，更全面地展示长三角外商和港澳台商投资工业企业发展情况。如表 6-9 所示，2004~2016 年长三角核心区 16 个城市外商和港澳台商投资工业企业主营业务收入占工业企业比重，2004~2007 年总体上保持增长态势，2008 年后缓慢下降。表 6-10 显示了 2016 年长三角核心区 16 个城市外商和港澳台商投资工业企业主营业务收入占各城市工业企业比重情况，苏州市外商和港澳台商投资工业企业主营业务收入占本市工业企业比重最高，占比达到 64.58%；其次是上海市，占比达到 61.70%；舟山市占比最低，占比为 6.99%。

表 6-8　2000~2017 年长三角核心区 16 个城市外商和港澳台商投资工业企业主营业务收入

（单位：亿元）

城市		2000 年	2001 年	2002 年	2003 年	2004 年
上海市		3 514.32	3 897.71	4 565.18	6 727.60	8 790.91
江苏地区	南京市	451.63	519.14	492.29	679.69	1 082.75
	无锡市	386.28	428.20	530.36	802.47	1 282.43

续表

	城市	2000年	2001年	2002年	2003年	2004年
江苏地区	常州市	163.40	201.74	225.49	323.78	613.67
	苏州市	1 144.49	1 367.67	1 872.90	3 018.08	4 622.56
	南通市	218.58	224.99	284.14	384.32	544.18
	扬州市	—	—	79.39	115.29	157.92
	镇江市	—	—	198.32	254.90	310.08
	泰州市	63.17	58.26	65.20	89.09	124.91
浙江地区	杭州市	385.32	504.77	615.23	825.09	1 273.05
	宁波市	343.78	409.80	496.34	667.48	1 265.13
	嘉兴市	—	147.72	189.86	272.83	568.95
	湖州市	38.65	35.43	48.32	70.70	104.60
	绍兴市	121.36	137.23	223.82	315.29	680.92
	舟山市	—	—	—	—	41.67
	台州市	51.96	72.30	82.42	118.02	194.68

	城市	2005年	2006年	2007年	2008年	2009年
上海市		10 114.16	12 077.01	15 170.86	15 580.64	15 174.55
江苏地区	南京市	1 556.63	1 872.17	2 290.78	2 459.97	2 508.23
	无锡市	1 877.53	2 469.05	3 335.99	3 887.98	4 256.00
	常州市	705.68	608.45	1 398.62	1 729.33	2 086.32
	苏州市	6 589.72	8 352.13	10 502.48	12 306.71	13 084.82
	南通市	782.27	1 062.92	1 495.45	1 915.05	2 283.31
	扬州市	391.43	499.32	680.67	863.03	1 017.77
	镇江市	419.91	561.14	711.92	890.69	1 022.56
	泰州市	171.67	307.41	528.21	773.11	1 186.56
浙江地区	杭州市	1 808.96	2 505.88	2 688.53	3 002.69	2 655.62
	宁波市	1 753.99	2 301.24	3 249.78	3 560.11	3 378.68
	嘉兴市	660.44	896.65	1 149.10	1 310.75	1 296.50
	湖州市	157.04	217.11	315.59	446.14	495.68
	绍兴市	567.75	767.56	1 017.75	1 255.79	1 177.36
	舟山市	49.96	64.71	78.12	166.31	118.08
	台州市	223.13	309.39	367.76	356.05	328.58

续表

城市		2010年	2011年	2012年	2013年	2014年
	上海市	19 618.84	20 901.60	20 706.86	21 465.19	21 902.99
江苏地区	南京市	3 245.00	4 149.89	4 399.03	4 810.76	5 138.84
	无锡市	4 892.22	5 430.94	5 138.48	5 058.90	5 021.26
	常州市	2 418.01	2 825.82	2 752.54	3 068.11	3 537.81
	苏州市	16 250.33	18 640.32	18 978.39	19 374.53	19 179.44
	南通市	2 865.39	3 287.84	3 476.95	3 864.57	4 204.92
	扬州市	1 449.86	1 851.03	1 915.47	2 305.09	2 524.79
	镇江市	1 407.19	1 774.30	2 008.51	2 394.21	2 548.77
	泰州市	1 313.25	1 575.04	1 765.37	2 054.47	2 178.42
浙江地区	杭州市	3 335.04	3 732.58	3 753.78	3 836.72	3 812.76
	宁波市	4 351.48	5 034.36	4 889.65	4 867.93	4 810.69
	嘉兴市	1 708.40	1 833.49	1 946.09	2 187.54	2 279.65
	湖州市	623.99	678.60	799.58	934.91	979.24
	绍兴市	—	1 777.90	1 767.78	2 009.07	1 962.82
	舟山市	145.79	308.78	263.68	95.12	87.00
	台州市	453.47	551.39	519.80	524.63	480.30

城市		2015年	2016年	2017年
	上海市	20 924.84	21 172.53	22 969.73
江苏地区	南京市	4 633.97	4 721.57	3 984.85
	无锡市	4 871.12	5 189.94	5 849.64
	常州市	3 730.16	4 029.59	3 736.67
	苏州市	18 975.92	19 618.14	20 315.04
	南通市	4 316.21	4 550.23	3 710.02
	扬州市	2 551.63	2 703.06	2 140.79
	镇江市	2 769.11	2 803.50	2 301.74
	泰州市	2 270.21	1 937.76	2 091.10
浙江地区	杭州市	3 360.11	3 264.92	3 466.87
	宁波市	4 398.89	4 386.71	5 125.62
	嘉兴市	2 204.99	2 327.68	2 559.07
	湖州市	1 023.28	1 089.67	—
	绍兴市	1 882.03	1 935.67	1 581.43
	舟山市	78.21	96.40	80.70
	台州市	371.87	412.72	547.91

表 6-9 2004～2016 年长三角核心区 16 个城市外商和港澳台商投资工业企业主营业务收入占工业企业比重情况

年份	外商和港澳台商投资工业企业（亿元）	工业企业（亿元）	外商和港澳台商投资工业企业占工业企业比重（%）
2004	21 658.41	49 401.99	43.84
2005	27 830.27	62 526.60	44.51
2006	34 872.14	77 713.86	44.87
2007	44 981.71	96 769.08	46.48
2008	50 504.35	111 475.01	45.31
2009	52 070.62	117 080.38	44.47
2010	—	147 074.42	—
2011	74 353.88	165 766.75	44.85
2012	75 081.96	173 483.45	43.28
2013	78 851.75	185 918.65	42.41
2014	80 649.70	194 951.22	41.37
2015	78 362.55	194 281.37	40.33
2016	80 240.09	201 433.26	39.83

表 6-10 2016 长三角核心区 16 个城市外商和港澳台商投资工业企业主营业务收入占工业企业比重

	城市	外商和港澳台商投资工业企业（亿元）	工业企业（亿元）	外商和港澳台商投资工业企业占工业企业比重（%）
	上海市	21 172.53	34 315.15	61.70
江苏地区	南京市	4 721.57	12 442.36	37.95
	无锡市	5 189.94	14 120.24	36.76
	常州市	4 029.59	12 435.86	32.40
	苏州市	19 618.14	30 380.18	64.58
	南通市	4 550.23	14 650.80	31.06
	扬州市	2 703.06	9 603.07	28.15
	镇江市	2 803.50	8 632.13	32.48
	泰州市	1 937.76	12 139.45	15.96
浙江地区	杭州市	3 264.92	12 367.54	26.40
	宁波市	4 386.71	13 639.11	32.16
	嘉兴市	2 327.68	7 589.37	30.67
	湖州市	1 089.67	4 606.05	23.66
	绍兴市	1 935.67	9 337.98	20.73
	舟山市	96.40	1 379.82	6.99
	台州市	412.72	3 794.15	10.88

6.3 利　　润[①]

6.3.1 从总量看态势

2017 年长三角核心区 15 个城市外商和港澳台商投资工业企业利润为 6138.39 亿元，如表 6-11 所示。其中，上海市为 1978.15 亿元，占比为 32.23%，在 16 个城市中位列第一，也是唯一的占比在 20% 以上的城市；舟山市为 4.09 亿元，占比仅为 0.07%，是利润最低的城市，也是 15 个城市中唯一的外商和港澳台商投资工业企业利润在 50 亿元以下的城市。占比在 10% 以上的城市除上海市外还有苏州市，这 2 个城市外商和港澳台商投资工业企业利润均在 1000 亿元以上。江苏地区苏州市最高，为 1208.45 亿元，占比为 19.69%，无锡市和南京市分别位列第二和第三。浙江地区宁波市最高，为 368.55 亿元，占比为 6.00%，杭州市和嘉兴市分别位列第二和第三。

表 6-11　2017 年长三角核心区 15 个城市外商和港澳台商投资工业企业利润

城市		利润（亿元）	占比（%）
上海市		1978.15	32.23
江苏地区	南京市	345.44	5.63
	无锡市	468.17	7.63
	常州市	263.76	4.30
	苏州市	1208.45	19.69
	南通市	298.02	4.86
	扬州市	146.85	2.39
	镇江市	187.86	3.06
	泰州市	170.59	2.78
浙江地区	杭州市	361.84	5.89
	宁波市	368.55	6.00

[①] 湖州市相关资料空缺，故本节只分析 15 个城市。

续表

城市		利润（亿元）	占比（%）
浙江地区	嘉兴市	181.23	2.95
	绍兴市	100.11	1.63
	舟山市	4.09	0.07
	台州市	55.28	0.90
合计		6138.39	100.00

长三角核心区 15 个城市外商和港澳台商投资工业企业利润总体上呈现增长态势，除舟山市之外其他 14 个城市未出现规模萎缩，舟山市 2010 年为 10.51 亿元，2017 年下降到 4.09 亿元，如图 6-7 所示。2017 年上海市、苏州市、无锡市、宁波市、杭州市、南京市列前六位。

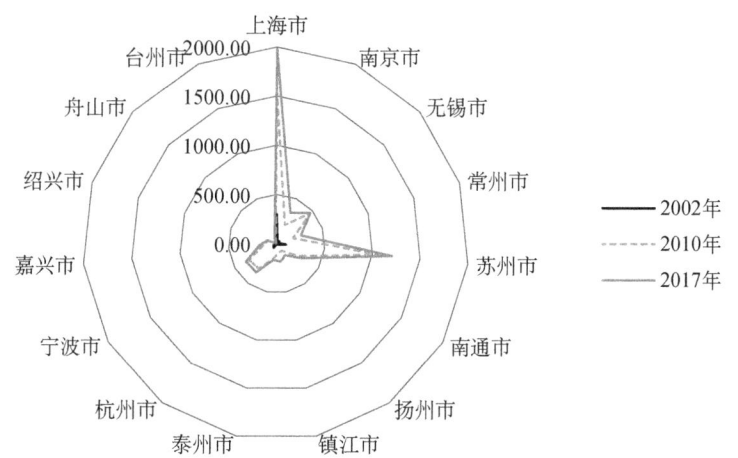

图 6-7　2002 年、2010 年、2017 年长三角核心区 15 个城市外商和港澳台商投资工业企业利润情况

图中数字表示外商和港澳台商投资工业企业利润，单位为亿元

2017 年，长三角核心区 15 个城市外商和港澳台商投资工业企业平均利润为 409.23 亿元，其中上海市、苏州市、无锡市 3 个城市位于平均水平之上，这 3 个城市外商和港澳台商投资工业企业利润为 3654.77 亿元，占长三角核心区 16 个城市的 59.54%，如图 6-8 所示。

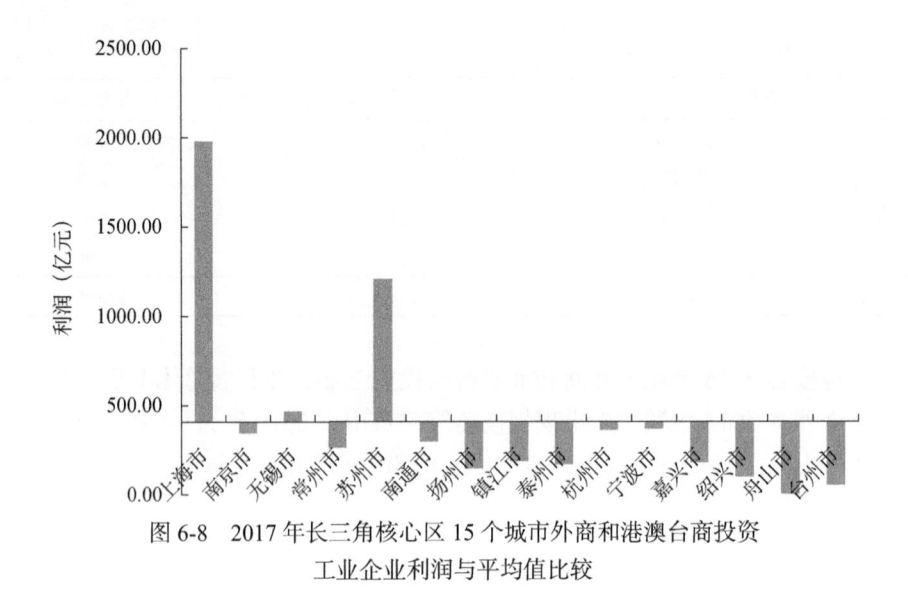

图 6-8　2017 年长三角核心区 15 个城市外商和港澳台商投资
工业企业利润与平均值比较

6.3.2　从增速看发展

2002~2017 年，长三角核心区 15 个城市外商和港澳台商投资工业企业利润保持较快增长态势，由 2002 年的 619.44 亿元增长到 2017 年的 6138.39 亿元，增长了 8.91 倍，年均增长率为 16.52%，如表 6-12 所示。分地区来看，江苏地区增长较为显著，如图 6-9 所示。江苏地区泰州市增长超过 50 倍，年均增长率在 30% 以上；扬州市增长超过 30 倍，年均增长率在 20% 以上；其他城市增长均在 10 倍以上。浙江地区嘉兴市、台州市、舟山市 3 个城市增长超过 10 倍，年均增长率在 10% 以上；杭州市增长最少，为 5.99 倍。

表 6-12　长三角核心区 15 个城市外商和港澳台商投资工业企业利润及增长

城市		2002 （亿元）	2017 年 （亿元）	2017 年比 2002 增长倍数（倍）	2002~2017 年 年均增长率（%）
上海市		300.78	1978.15	5.58	13.38
江苏 地区	南京市	18.96	345.44	17.22	21.35
	无锡市	33.85	468.17	12.83	19.14
	常州市	12.83	263.76	19.56	22.33
	苏州市	93.26	1208.45	11.96	18.62

续表

城市		2002（亿元）	2017年（亿元）	2017年比2002增长倍数（倍）	2002~2017年年均增长率（%）
江苏地区	南通市	21.66	298.02	12.76	19.10
	扬州市	4.44	146.85	32.07	26.27
	镇江市	9.85	187.86	18.07	21.72
	泰州市	2.96	170.59	56.63	31.03
浙江地区	杭州市	51.75	361.84	5.99	13.84
	宁波市	37.25	368.55	8.89	16.51
	嘉兴市	13.41	181.23	12.51	18.96
	绍兴市	13.83	100.11	6.24	14.11
	舟山市	0.34	4.09	11.04	18.04
	台州市	4.27	55.28	11.95	18.62
合计		619.44	6138.39	8.91	16.52

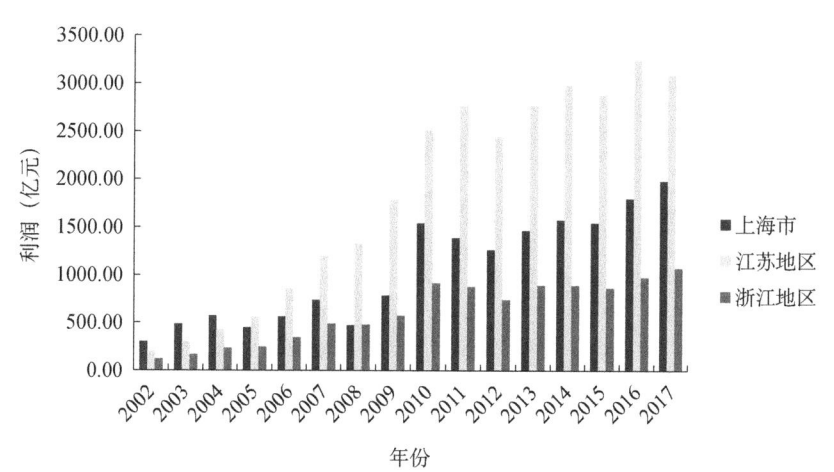

图 6-9　2002~2017 年上海市、江苏地区、浙江地区外商和港澳台商投资工业企业利润变化情况

6.3.3　从比值看地位

单是外商和港澳台商投资工业企业利润不能反映该地区的竞争力，如表 6-13 所示。可以通过在工业的占比来反映长三角外商和港澳台商投资工业企业的竞争力，更

全面地展示长三角外商和港澳台商投资工业企业效益的现状。表 6-14 显示了 2002~2017 年长三角核心区 15 个城市外商和港澳台商投资工业企业利润占工业企业比重情况，2002~2010 年该比重总体上保持增长态势，2011 年后缓慢下降，伴有调整。表 6-15 显示了 2017 年长三角核心区 15 个城市外商和港澳台商投资工业企业利润占工业企业比重情况，上海市外商和港澳台商投资工业企业利润占本市工业企业利润比重最高，达到 60.98%；其次是苏州市，达到 60.36%；泰州市占比最低，为 19.80%。

表 6-13 长三角核心区 16 个城市外商和港澳台商投资工业企业利润

（单位：亿元）

城市		2000 年	2001 年	2002 年	2003 年	2004 年	2005 年
上海市		246.19	259.14	300.78	483.68	571.19	447.96
江苏地区	南京市	23.98	23.82	18.96	30.04	45.92	43.75
	无锡市	25.38	28.41	33.85	54.32	82.68	104.66
	常州市	8.17	10.81	12.83	18.84	29.38	32.07
	苏州市	56.79	70.62	93.26	137.84	201.18	305.17
	南通市	14.23	11.01	21.66	30.70	37.25	47.53
	扬州市	—	—	4.44	5.67	6.52	-2.58
	镇江市	—	—	9.85	13.62	16.54	17.89
	泰州市	6.73	2.00	2.96	5.38	6.43	8.50
浙江地区	杭州市	23.04	29.87	51.75	71.15	72.67	81.23
	宁波市	24.45	31.18	37.25	47.49	82.70	91.11
	嘉兴市	—	10.38	13.41	23.09	35.46	37.34
	湖州市	—	—	—	—	—	—
	绍兴市	6.58	8.46	13.83	17.46	34.93	28.02
	舟山市	—	0.42	0.34	0.63	0.19	1.41
	台州市	2.63	3.58	4.27	6.47	8.15	8.93
城市		2006 年	2007 年	2008 年	2009 年	2010 年	2011 年
上海市		561.79	740.14	471.98	784.82	1540.93	1386.42
江苏地区	南京市	91.31	119.14	86.08	130.32	207.61	283.91
	无锡市	158.67	231.17	248.26	369.81	467.43	501.91
	常州市	58.11	79.41	99.86	121.08	178.96	183.12
	苏州市	413.83	537.57	627.87	748.43	1061.54	1043.77
	南通市	73.33	115.71	124.35	180.90	251.52	311.94
	扬州市	11.71	27.24	24.22	48.40	91.33	142.62
	镇江市	27.97	44.27	50.16	57.74	96.99	122.26
	泰州市	19.63	40.03	66.81	122.66	151.54	178.00

续表

城市		2006年	2007年	2008年	2009年	2010年	2011年
浙江地区	杭州市	122.61	159.01	200.15	209.27	314.35	310.69
	宁波市	119.90	175.92	131.83	191.94	331.77	302.18
	嘉兴市	49.62	75.88	68.14	86.36	137.82	104.30
	湖州市	—	—	—	—	—	—
	绍兴市	39.72	57.63	59.48	59.58	94.70	116.08
	舟山市	2.61	4.89	10.10	9.75	10.51	10.93
	台州市	11.23	14.14	7.80	13.94	26.65	34.17

城市		2012年	2013年	2014年	2015年	2016年	2017年
上海市		1262.23	1461.45	1573.18	1541.94	1796.51	1978.15
江苏地区	南京市	305.07	507.75	455.27	345.10	357.24	345.44
	无锡市	361.60	334.91	414.74	393.47	454.85	468.17
	常州市	124.08	160.05	206.06	204.42	247.25	263.76
	苏州市	886.29	956.02	996.90	1028.40	1204.60	1208.45
	南通市	308.12	312.84	331.63	335.24	365.86	298.02
	扬州市	144.52	170.30	207.29	183.43	205.29	146.85
	镇江市	141.31	164.89	180.29	196.39	211.72	187.86
	泰州市	172.44	162.36	189.96	195.91	194.64	170.59
浙江地区	杭州市	317.00	368.12	389.05	350.50	347.71	361.84
	宁波市	200.79	237.24	214.83	239.72	307.73	368.55
	嘉兴市	99.16	129.89	130.99	132.66	159.58	181.23
	湖州市	—	—	—	—	—	—
	绍兴市	87.82	106.64	114.43	102.98	119.06	100.11
	舟山市	0.76	3.33	1.45	0.57	3.35	4.09
	台州市	37.14	44.89	41.39	36.88	37.90	55.28

表6-14 2002～2017年长三角核心区15个城市外商和港澳台商投资工业企业利润占工业企业比重情况

年份	外商和港澳台商投资工业企业（亿元）	工业企业（亿元）	外商和港澳台商投资工业企业占工业企业比重（%）
2002	619.44	1 510.52	41.01
2003	946.38	2 138.43	44.26
2004	1 231.19	2 758.87	44.63

续表

年份	外商和港澳台商投资工业企业（亿元）	工业企业（亿元）	外商和港澳台商投资工业企业占工业企业比重（%）
2005	1 252.99	3 016.63	41.54
2006	1 762.04	3 832.44	45.98
2007	2 422.15	5 097.54	47.52
2008	2 277.09	4 731.87	48.12
2009	3 135.00	6 468.91	48.46
2010	4 963.65	9 544.26	52.01
2011	5 032.30	10 297.53	48.87
2012	4 448.33	9 736.93	45.69
2013	5 120.68	11 154.62	45.91
2014	5 447.46	11 987.7	45.44
2015	5 287.61	12 463.16	42.43
2016	6 013.29	13 934.5	43.15
2017	6 138.39	14 674.26	41.83

表 6-15　2017 年长三角核心区 15 个城市外商和港澳台商投资工业企业利润占工业企业比重

	城市	外商和港澳台商投资工业企业（亿元）	工业企业（亿元）	外商和港澳台商投资工业企业占工业企业比重（%）
	上海市	1978.15	3243.8	60.98
江苏地区	南京市	345.44	867.69	39.81
	无锡市	468.17	1053.61	44.43
	常州市	263.76	715.99	36.84
	苏州市	1208.45	2002.15	60.36
	南通市	298.02	1128.18	26.42
	扬州市	146.85	507.25	28.95
	镇江市	187.86	649.72	28.91
	泰州市	170.59	861.66	19.80
浙江地区	杭州市	361.84	998.56	36.24
	宁波市	368.55	1287.46	28.63

续表

城市		外商和港澳台商投资工业企业（亿元）	工业企业（亿元）	外商和港澳台商投资工业企业占工业企业比重（%）
浙江地区	嘉兴市	181.23	562.79	32.20
	绍兴市	100.11	504.91	19.83
	舟山市	4.09	12.58	32.51
	台州市	55.28	277.91	19.89

6.4 年平均就业人数[①]

6.4.1 从总量看态势

2017年长三角核心区13个城市外商和港澳台商投资工业企业年平均就业人数为369.06万人，如表6-16所示。其中，上海市为114.63万人，占比为31.06%，在16个城市中位列第一；舟山市为0.62万人，占比仅为0.17%，列倒数第一，也是13个城市中唯一的外商和港澳台商投资工业企业年平均就业人数在10000人以下的城市。占比在10%以上的城市仅上海市、宁波市、无锡市。外商和港澳台商投资工业企业年平均就业人数在30万人以上的有上海市、宁波市、无锡市3个城市。江苏地区无锡市最高，为43.98万人，占比为11.92%，南通市和南京市分别位列第二和第三。浙江地区宁波市最高，为45.47万人，占比为12.32%，杭州市和嘉兴市分别位列第二和第三。

表6-16 2017年长三角核心区13个城市外商和港澳台商投资
工业企业年平均就业人数

城市		年平均就业人数（万人）	占比（%）
上海市		114.63	31.06
江苏地区	南京市	23.31	6.32
	无锡市	43.98	11.92
	南通市	25.87	7.01

[①] 常州市、苏州市、湖州市相关资料空缺，故本节只分析13个城市。

续表

城市		年平均就业人数（万人）	占比（%）
江苏地区	扬州市	12.99	3.52
	镇江市	12.76	3.46
	泰州市	12.55	3.40
浙江地区	杭州市	28.96	7.85
	宁波市	45.47	12.32
	嘉兴市	28.04	7.60
	绍兴市	15.30	4.14
	舟山市	0.62	0.17
	台州市	4.58	1.24
合计		369.06	100.00

长三角核心区 13 个城市外商和港澳台商投资工业企业年平均就业人数总体上呈现先增长后下降态势，如图 6-10 所示。2017 年上海市、宁波市、无锡市、杭州市、嘉兴市、南通市列前六位。

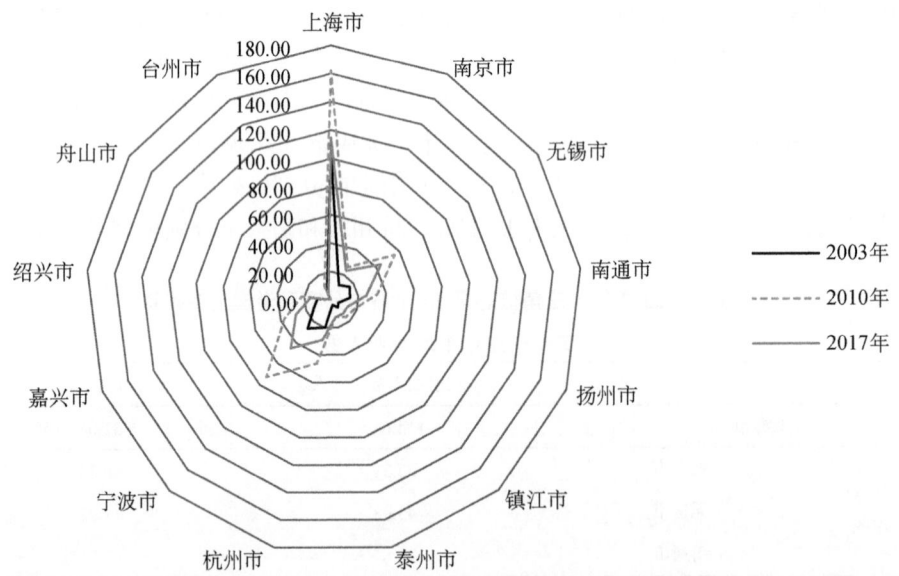

图 6-10　2003 年、2010 年、2017 年长三角核心区 13 个城市外商和港澳台商投资工业企业年平均就业人数情况

图中数字表示外商和港澳台商投资工业企业年平均就业人数，单位为万人

2017年，长三角核心区 13 个城市外商和港澳台商投资工业企业年平均就业人数平均值为 28.39 万人，其中上海市、宁波市、无锡市、杭州市 4 个城市位于平均水平之上，这 4 个城市外商和港澳台商投资工业企业年平均就业人数为 233.04 万人，占长三角核心区 13 个城市的 63.14%，如图 6-11 所示。

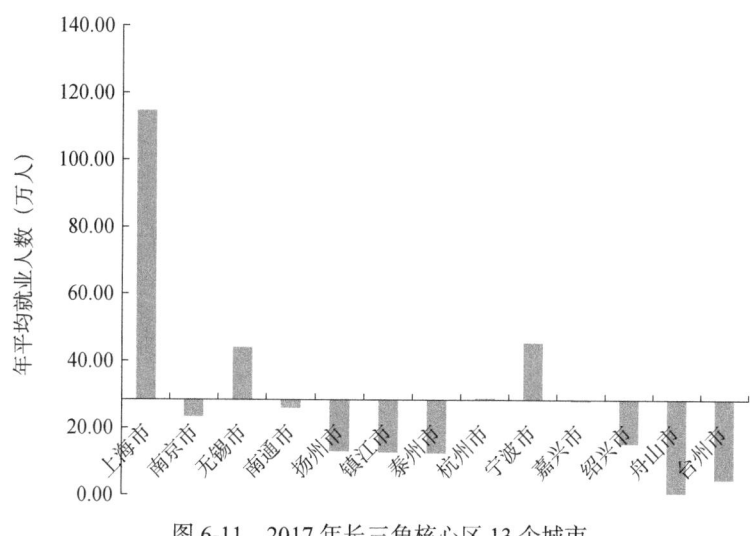

图 6-11 2017 年长三角核心区 13 个城市
外商和港澳台商投资工业企业年平均就业人数与平均值比较

6.4.2 从增速看发展

2000~2017 年，长三角核心区 13 个城市外商和港澳台商投资工业企业年平均就业人数总体上保持缓慢增长态势，由 2003 年的 241.79 万人增长到 2017 年的 369.06 万人，增长了 0.53 倍，年均增长率为 3.07%，如表 6-17 所示。分地区来看，江苏地区增长较为显著，如图 6-12 所示。江苏地区泰州市增长了 2 倍以上，年均增长率为 9.35%；无锡市、扬州市增长了 1 倍以上。浙江地区嘉兴市增长了 1 倍以上，舟山市和台州市为负增长。上海市增长较为缓慢，增长 0.09 倍，年均增长率为 0.59%。

表 6-17 长三角核心区 13 个城市外商和港澳台商投资工业企业年平均就业人数及增长

城市		2003年（万人）	2017年（万人）	2017年比2003年增长倍数（倍）	2003~2017年年均增长率（%）
上海市		105.53	114.63	0.09	0.59
江苏地区	南京市	11.97	23.31	0.95	4.88
	无锡市	16.38	43.98	1.68	7.31
	南通市	13.88	25.87	0.86	4.55
	扬州市	5.63	12.99	1.31	6.15
	镇江市	7.03	12.76	0.82	4.35
	泰州市	3.59	12.55	2.50	9.35
浙江地区	杭州市	19.77	28.96	0.46	2.76
	宁波市	26.48	45.47	0.72	3.94
	嘉兴市	13.65	28.04	1.05	5.28
	绍兴市	10.27	15.30	0.49	2.89
	舟山市	0.86	0.62	−0.28	−2.31
	台州市	6.75	4.58	−0.32	−2.73
合计		241.79	369.06	0.53	3.07

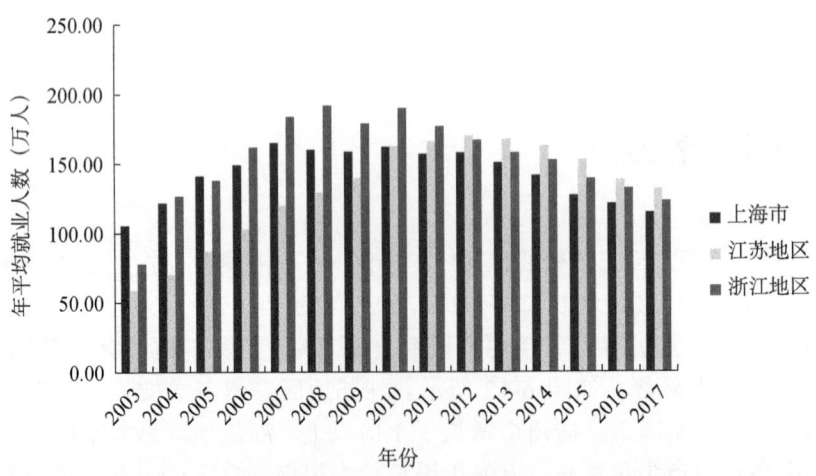

图 6-12 2003~2017年上海市、江苏地区、浙江地区外商和港澳台商投资工业企业年平均就业人数变化情况

6.4.3 从比值看地位

单是年平均就业人数不能反映该地区外商和港澳台商投资工业企业的竞争力，如表 6-18 所示。可以通过在工业的占比来反映长三角外商和港澳台商投资工业企业的竞争力，更全面地展示长三角工业发展的现状。表 6-19 显示了 2003~2017 年长三角核心区 13 个城市外商和港澳台商投资工业企业年平均就业人数占工业企业比重情况，2011 年以前该比重保持震荡上升趋势，2013 年以后逐渐下降，但基本保持在 32% 以上。分城市来看，2017 年上海市外商和港澳台商投资工业企业年平均就业人数占本市工业企业比重超过 50%，舟山市和台州市占比低于 10%，其余 10 个城市的占比在 20%~40%，如表 6-20 所示。

表 6-18　2000~2017 年长三角核心区 16 个城市外商和港澳台商投资工业企业年平均就业人数　（单位：万人）

城市		2000 年	2001 年	2002 年	2003 年	2004 年	2005 年
上海市		80.26	84.33	93.12	105.53	121.58	140.98
江苏地区	南京市	—	10.17	11.36	11.97	14.23	15.80
	无锡市	10.06	10.86	12.72	16.38	21.48	29.20
	常州市	6.71	7.39	8.04	9.89	17.19	16.13
	苏州市	30.33	35.74	43.91	60.76	84.24	127.11
	南通市	9.22	9.93	10.84	13.88	15.99	18.51
	扬州市	—	—	4.43	5.63	6.48	9.10
	镇江市	—	—	5.66	7.03	7.53	9.22
	泰州市	4.01	3.57	3.32	3.59	4.46	4.97
浙江地区	杭州市	12.97	16.44	17.61	19.77	22.30	29.67
	宁波市	14.64	18.40	21.99	26.48	48.77	55.38
	嘉兴市	0.00	8.06	10.89	13.65	25.78	26.43
	湖州市	—	—	—	—	—	—
	绍兴市	5.46	6.82	8.33	10.27	19.33	15.26
	舟山市	—	—	—	0.86	1.22	1.14
	台州市	3.58	5.04	5.32	6.75	8.98	10.01
城市		2006 年	2007 年	2008 年	2009 年	2010 年	2011 年
上海市		148.78	164.76	159.80	158.38	162.00	156.77
江苏地区	南京市	18.23	19.80	22.96	23.58	26.16	27.05
	无锡市	36.17	42.86	43.23	46.49	55.74	53.97

续表

城市		2006 年	2007 年	2008 年	2009 年	2010 年	2011 年
江苏地区	常州市	18.08	20.43	53.29	27.23	28.90	—
	苏州市	152.81	180.74	205.02	209.81	232.55	—
	南通市	19.88	23.28	25.30	29.17	33.92	34.22
	扬州市	11.10	13.66	13.98	14.11	18.19	20.31
	镇江市	10.83	12.04	14.27	14.74	16.08	16.15
	泰州市	6.53	7.95	9.44	11.59	12.38	14.03
浙江地区	杭州市	34.00	40.47	43.61	40.92	46.22	44.46
	宁波市	64.94	72.63	76.14	70.33	72.71	68.09
	嘉兴市	31.60	36.45	37.60	35.71	37.15	32.54
	湖州市	—	—	—	—	—	—
	绍兴市	18.43	21.09	22.51	21.05	21.90	21.26
	舟山市	1.12	1.23	1.42	0.92	0.93	0.97
	台州市	11.34	11.85	10.63	10.06	11.10	9.49

城市		2012 年	2013 年	2014 年	2015 年	2016 年	2017 年
上海市		157.76	150.70	141.40	127.19	121.16	114.63
江苏地区	南京市	26.96	26.77	28.19	26.36	24.26	23.31
	无锡市	56.28	53.65	51.32	48.05	43.21	43.98
	常州市	—	—	—	—	—	—
	苏州市	—	—	—	—	—	—
	南通市	33.79	35.17	33.55	31.87	30.76	25.87
	扬州市	20.73	19.58	18.21	15.72	15.09	12.99
	镇江市	16.50	17.36	17.51	16.55	15.80	12.76
	泰州市	15.63	14.83	13.87	14.25	9.36	12.55
浙江地区	杭州市	41.71	38.86	35.97	33.81	31.18	28.96
	宁波市	63.54	59.09	59.04	52.07	50.05	45.47
	嘉兴市	31.88	31.07	30.54	29.70	28.59	28.04
	湖州市	—	—	—	—	—	—
	绍兴市	19.86	20.27	19.46	17.68	17.01	15.30
	舟山市	0.97	0.70	0.67	0.65	0.59	0.62
	台州市	8.78	7.85	6.90	5.33	4.82	4.58

表 6-19 2003~2017 年长三角核心区 13 个城市外商和港澳台商投资工业企业年平均就业人数占工业企业比重

年份	外商和港澳台商投资工业企业（万人）	工业（万人）	外商和港澳台商投资工业企业占工业企业比重（%）
2003	241.79	835.98	28.92
2004	318.13	964.50	32.98
2005	365.67	1047.68	34.90
2006	412.95	861.36	47.94
2007	468.07	935.08	50.06
2008	480.89	975.33	49.31
2009	477.05	1289.10	37.01
2010	514.48	1098.03	46.85
2011	499.31	988.03	50.54
2012	494.39	1260.53	39.22
2013	475.90	1255.59	37.90
2014	456.63	1246.26	36.64
2015	419.23	1209.02	34.68
2016	391.88	1173.20	33.40
2017	369.06	1124.85	32.81

表 6-20 2017 年长三角核心区 13 个城市外商和港澳台商投资工业企业年平均就业人数占工业企业比重

	城市	外商和港澳台商投资工业企业（万人）	工业企业（万人）	外商和港澳台商投资工业企业占工业企业比重（%）
	上海市	114.63	204.67	56.01
江苏地区	南京市	23.31	64.26	36.27
	无锡市	43.98	117.59	37.40
	南通市	25.87	95.79	27.01
	扬州市	12.99	61.11	21.26
	镇江市	12.76	42.75	29.85
	泰州市	12.55	58.79	21.35
浙江地区	杭州市	28.96	105.57	27.43
	宁波市	45.47	148.69	30.58
	嘉兴市	28.04	85.47	32.81

续表

城市		外商和港澳台商投资工业企业（万人）	工业企业（万人）	外商和港澳台商投资工业企业占工业企业比重（%）
浙江地区	绍兴市	15.30	68.96	22.19
	舟山市	0.62	7.21	8.60
	台州市	4.58	63.99	7.16

7 细分产业

在经济全球化背景下，技术是企业加快增长和提高竞争力的关键因素。技术创新较多的企业会赢得新市场，使用更具生产效率的资源，为员工提供更高的报酬。最早对产业进行技术分类的是经济合作与发展组织（Organization for Economic Cooperation and Development，OECD），通过计算研究与开发（research and development，R&D）强度把制造业划分为4组：高技术产业、中高技术产业、中低技术产业、低技术产业。根据 OECD1999 年的分类，高技术产业[①]包括：航空航天器制造，办公、会计和计算机设备，广播、电视和通信设备，医疗、精密和光学仪器；中高技术产业包括：电气机械和设备，汽车、挂车及半挂车，化学制品（不含制药），铁路机车及其他交通设备，其他机械设备；中低技术产业包括：船舶制造和修理，橡胶和塑料制品，焦炭、炼油产品及核燃料，其他非金属矿物制品，基本金属和金属制品；低技术产业包括：其他制造业、再生产品、木材、纸浆、纸张、纸制品、印刷和出版，食品、饮料和烟草，纺织、纺织品、皮革及鞋类制品。我国对高技术产业的分类则是参照 OCED 的行业目录，根据我国的技术水平制定的，主要指国民经济行业中 R&D 投入强度相对高的制造业行业，包括医药制造，航空航天器及设备制造，电子及通信设备制造，计算机及办公设备制造，医疗仪器设备及仪器仪表设备制造，信息化学品制造六大类。

本书结合 OECD 行业划分、中国高技术产业划分及相关研究机构在实际产业和行业研究中划分的方法，将主要制造行业划分为高技术产业、中技术产业、低技术产业三大类。

高技术产业：化学原料和化学制品制造业，医药制造业，铁路、船舶、航空航天和其他运输设备制造业（含汽车制造业），电气机械和器材制造业，计算机、通信和其他电子设备制造业，仪器仪表制造业，共 6 个产业。

中技术产业：农副食品加工业，食品制造业，酒、饮料和精制茶制造业，纺织业，纺织服装、服饰业，皮革、毛皮、羽毛及其制品和制鞋业，家具制造业，化学纤维制造业，橡胶和塑料制品业，非金属矿物制品业，通用设备制造业，专用设备制造业，共 12 个产业。

低技术产业：木材加工和木、竹、藤、棕、草制品业，造纸和纸制品业，印刷和记录媒介复制业，文教、工美、体育和娱乐用品制造业，石油加工、炼焦和核燃料加工业，黑色金属冶炼和压延加工业，有色金属冶炼和压延加工业，金属制品业，共 8 个产业。

[①] 产业名称对应国际标准产业分类（International Standard Industrial Classification of All Economical Activities，ISIC）第 3 版。

7 细分产业

7.1 基本情况

长三角核心区 16 个城市高技术产业主营业务收入占工业的比重整体呈现上升趋势，从 2002 年的 35.63%提升到 2017 年的 46.27%，提高了 10.64 个百分点；中技术产业占比呈现下降趋势，从 2002 年的 36.76%下降到 2017 年的 26.61%，下降了 10.15 个百分点；低技术产业占比缓慢下降，从 2002 年的 18.52%下降到 2017 年的 16.67%，如表 7-1 所示。

表 7-1　长三角核心区 16 个城市不同类型产业主营业务收入及占工业比重

年份	低技术产业 主营业务收入（亿元）	占比（%）	中技术产业 主营业务收入（亿元）	占比（%）	高技术产业 主营业务收入（亿元）	占比（%）
2002	4 985.22	18.52	9 897.13	36.76	9 592.63	35.63
2010	27 165.70	18.47	44 500.83	30.26	63 610.38	43.25
2017	34 184.21	16.67	54 581.33	26.61	94 888.87	46.27

长三角核心 16 个城市高技术产业利润占工业的比重不断提升，从 2007 年的 40.06%提升到 2017 年的 51.61%，提高了 11.55 个百分点；中技术产业占比呈现下降趋势，从 2007 年的 31.02%下降到 2017 年的 26.29%，下降了 4.73 个百分点；低技术产业占比呈现下降趋势，从 2007 年的 19.04%下降到 2017 年的 14.19 %，下降了 4.85 个百分点，如表 7-2 所示。

表 7-2　长三角核心区 16 个城市不同类型产业利润及占工业比重

年份	低技术产业 利润（亿元）	占比（%）	中技术产业 利润（亿元）	占比（%）	高技术产业 利润（亿元）	占比（%）
2007	986.00	19.04	1606.86	31.02	2075.07	40.06
2010	1457.74	15.05	2995.85	30.92	4611.32	47.60
2017	2125.53	14.19	3938.67	26.29	7730.80	51.61

注：由于 2002 年中技术产业的利润为负值，此处用 2007 年数据。

7.2 高技术产业

7.2.1 主营业务收入

2017年长三角核心区16个城市高技术产业主营业务收入为94 888.87亿元，如表7-3所示。其中，计算机、通信和其他电子设备制造业为25 523.70亿元，占比为26.90%，在6个细分行业中位列第一；仪器仪表制造业和医药制造业的主营业务收入最少，分别为3777.82亿元和3290.72亿元，占比分别为3.98%和3.47%。占比在20%以上的细分行业有计算机、通信和其他电子设备制造业，交通运输设备制造业，电气机械和器材制造业。6个细分行业中主营业务收入在20 000亿及以上的有计算机、通信和其他电子设备制造业，交通运输设备制造业，电气机械和器材制造业。

表7-3 2017年长三角核心区16个城市高技术产业主营业务收入

行业	主营业务收入（亿元）	占比（%）
化学原料和化学制品制造业	18 813.07	19.83
医药制造业	3 290.72	3.47
交通运输设备制造业	23 292.08	24.55
电气机械和器材制造业	20 191.47	21.28
计算机、通信和其他电子设备制造业	25 523.70	26.90
仪器仪表制造业	3 777.82	3.98
合计	94 888.87	100.00

长三角核心区16个城市高技术产业主营业务收入总体上呈现增长态势，如图7-1所示。

2017年，长三角核心区16个城市高技术产业主营业务收入的细分行业平均值为15 814.81亿元。其中，化学原料和化学制品制造业、交通运输设备制造业、电气机械和器材制造业、计算机通信和其他电子设备制造业4个细分行业位于平均水平之上（图7-2），这4个细分行业主营业务收入为87 820.32亿元，占高技术产业6个细分行业的92.55%。

7 细分产业

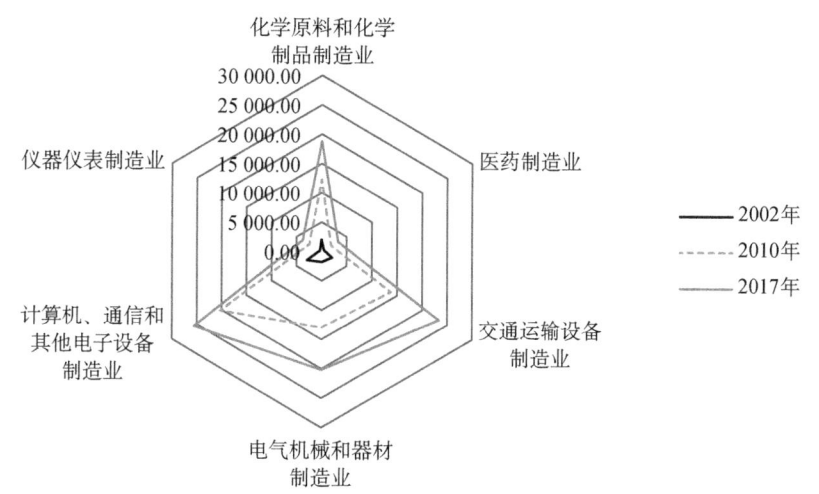

图 7-1　2002 年、2010 年、2017 年长三角核心区 16 个城市
高技术产业主营业务收入情况

图中数字表示高技术产业主营业务收入，单位为亿元

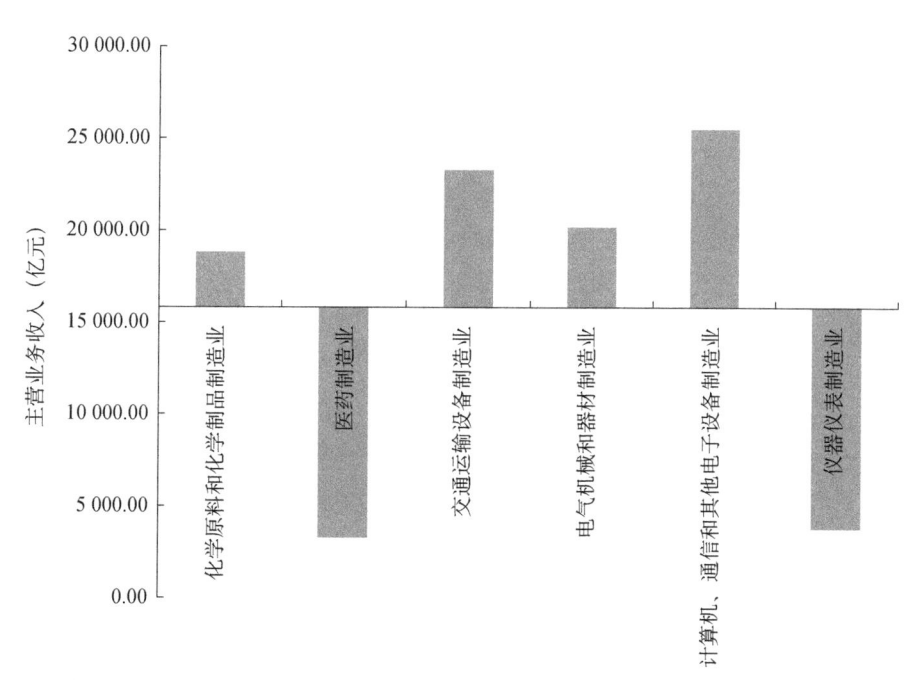

图 7-2　2017 年长三角核心区 16 个城市高技术产业各细分行业与平均值比较

2002~2017年，长三角核心区16个城市高技术产业主营业务收入保持快速增长态势，从2002年的9592.63亿元增长到2017年的94 888.87亿元，增长了8.89倍，年均增长率为16.51%，如表7-4所示。其中，仪器仪表制造业主营业务收入增长最快，增长10.61倍；电气机械和器材制造业、交通运输设备制造业也增长10倍以上，分别增长10.26倍和10.11倍。

表7-4　长三角核心区16个城市高技术产业主营业务收入

行业	2002年（亿元）	2017年（亿元）	2017年比2002年增长倍数（倍）	2002~2017年年均增长率（%）
化学原料和化学制品制造业	2 004.95	18 813.07	8.38	16.10
医药制造业	449.05	3 290.72	6.33	14.20
交通运输设备制造业	2 096.69	23 292.08	10.11	17.41
电气机械和器材制造业	1 793.06	20 191.47	10.26	17.52
计算机、通信和其他电子设备制造业	2 923.54	25 523.70	7.73	15.54
仪器仪表制造业	325.34	3 777.82	10.61	17.76
合计	9 592.63	94 888.87	8.89	16.51

表7-5显示2002年、2007年、2010年、2012年、2017年长三角核心区16个城市的高技术产业主营业务收入情况，但难以反映该地区高技术产业的竞争力。2002年、2007年、2010年、2012年、2017年长三角核心区16个城市高技术产业主营业务收入占工业企业比重情况见表7-6，可以看出高技术产业比重呈现稳步上升趋势，由2002年35.63%的上升至2017年的46.27%。

表7-5　主要年份长三角核心区16个城市高技术产业主营业务收入

（单位：亿元）

行业	2002年	2007年	2010年	2012年	2017年
化学原料和化学制品制造业	2 004.95	7 834.76	12 246.00	16 881.68	18 813.07
医药制造业	449.05	1 210.40	1 920.00	2 793.23	3 290.72
交通运输设备制造业	2 096.69	6 513.78	13 770.32	16 257.37	23 292.08
电气机械和器材制造业	1 793.06	7 330.35	12 959.29	17 309.29	20 191.47
计算机、通信和其他电子设备制造业	2 923.54	14 744.00	20 273.34	22 926.87	25 523.70
仪器仪表制造业	325.34	1 437.95	2 441.43	2 794.24	3 777.82
合计	9 592.63	39 071.26	63 610.38	78 962.67	94 888.87

表 7-6 主要年份长三角核心区 16 个城市高技术产业主营业务收入占工业企业比重

年份	高技术产业（亿元）	工业（亿元）	高技术产业占工业企业比重（%）
2002	9 592.63	26 922.18	35.63
2007	39 071.26	96 769.08	40.38
2010	63 610.38	147 074.42	43.25
2012	78 962.67	173 483.45	45.52
2017	94 888.87	205 092.39	46.27

7.2.2 利润

2017 年长三角核心区 16 个城市高技术产业利润为 7730.80 亿元，如表 7-7 所示。其中，交通运输设备制造业为 2388.99 亿元，占比为 30.90%，在 6 个细分行业中位列第一；仪器仪表制造业的利润最少，为 419.42 亿元，占比仅为 5.43%。6 个细分行业中利润在 1000 亿元以上的有交通运输设备制造业，化学原料和化学制品制造业，电气机械和器材制造业，计算机、通信和其他电子设备制造业。

表 7-7 2017 年长三角核心区 16 个城市高技术产业利润

行业	利润（亿元）	占比（%）
化学原料和化学制品制造业	1745.80	22.58
医药制造业	561.71	7.27
交通运输设备制造业	2388.99	30.90
电气机械和器材制造业	1365.40	17.66
计算机、通信和其他电子设备制造业	1249.48	16.16
仪器仪表制造业	419.42	5.43
合计	7730.80	100.00

长三角核心区 16 个城市高技术产业利润总体上呈现增长态势，如图 7-3 所示。

2017 年，长三角核心区 16 个城市高技术产业利润的细分行业平均值为 1288.47 亿元。其中，交通运输设备制造业、化学原料和化学制品制造业、电气机械和器材制造业 3 个细分行业位于平均水平之上，这 3 个细分行业利润为 5384.28 亿元，占长三角 6 个细分行业的 69.65%，如图 7-4 所示。

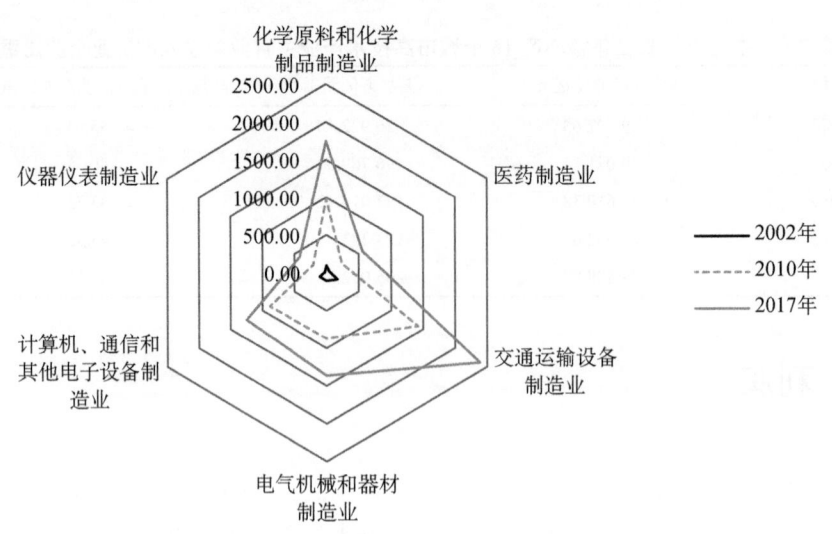

图 7-3 2002 年、2010 年、2017 年长三角核心区 16 个城市高技术产业利润情况

图中数字表示高技术产业利润，单位为亿元

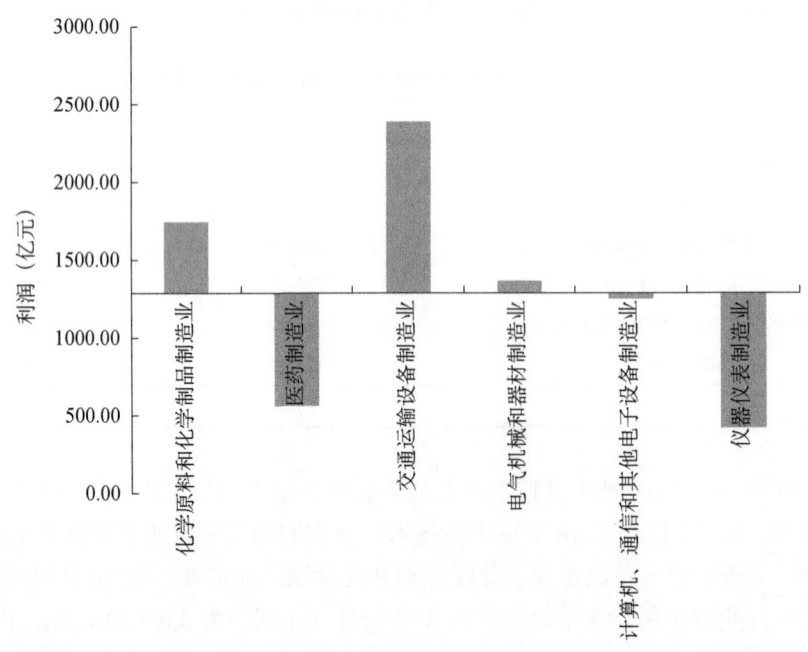

图 7-4 2017 年长三角核心区 16 个城市高技术产业各细分行业与平均值比较

7 细分产业

2002~2017年，长三角核心区16个城市高技术产业利润保持快速增长态势，从541.10亿元增长到7730.80亿元，增长了13.29倍，年均增长率为19.40%，如表7-8所示。其中，仪器仪表制造业速度最快，增长17.25倍，其次是化学原料和化学制品制造业增长了17.04倍，高技术产业6个细分行业利润的增长倍数均在11倍以上。

表7-8 长三角核心区16个城市高技术产业利润及增长

行业	2002年（亿元）	2017年（亿元）	2017年比2002年增长倍数（倍）	2002~2017年年均增长率（%）
化学原料和化学制品制造业	96.79	1745.80	17.04	21.27
医药制造业	40.99	561.71	12.70	19.06
交通运输设备制造业	172.09	2388.99	12.88	19.17
电气机械和器材制造业	105.31	1365.40	11.97	18.63
计算机、通信和其他电子设备制造业	102.94	1249.48	11.14	18.11
仪器仪表制造业	22.98	419.42	17.25	21.36
合计	541.10	7730.80	13.29	19.40

表7-9显示2002年、2007年、2010年、2012年、2017年长三角核心区16个城市的高技术产业利润情况，但难以反映该地区高技术产业的竞争力。2002年、2007年、2010年、2012年、2017年长三角核心区16个城市高技术产业利润占工业企业比重的情况见表7-10，可以看出高技术产业比重呈现稳步上升趋势，由2002年的35.29%上升至2017年的51.61%，略高于高技术产业主营业务收入比重。

表7-9 主要年份长三角核心区16个城市高技术产业利润

（单位：亿元）

行业	2002年	2007年	2010年	2012年	2017年
化学原料和化学制品制造业	96.79	482.92	983.93	919.30	1745.80
医药制造业	40.99	111.23	240.75	303.04	561.71
交通运输设备制造业	172.09	480.84	1417.70	1486.31	2388.99
电气机械和器材制造业	105.31	407.16	872.97	977.00	1365.40
计算机、通信和其他电子设备制造业	102.94	494.68	887.81	848.50	1249.48
仪器仪表制造业	22.98	98.24	208.16	235.56	419.42
合计	541.10	2075.07	4611.32	4769.70	7730.80

表 7-10 主要年份长三角核心区 16 个城市高技术产业利润及占工业企业比重

年份	高技术产业（亿元）	工业企业（亿元）	高技术产业占工业企业比重（%）
2002	541.10	1 533.27	35.29
2007	2 075.07	5 179.54	40.06
2010	4 611.32	9 688.40	47.60
2012	4 769.70	9 905.34	48.15
2017	7 730.80	14 980.45	51.61

7.3 中技术产业

7.3.1 主营业务收入

2017 年长三角核心区 16 个城市中技术产业主营业务收入为 54 581.33 亿元，如表 7-11 所示。其中，通用设备制造业为 12 682.09 亿元，占比为 23.24%，在 12 个细分行业中位列第一；酒、饮料和精制茶制造业的主营业务收入最少，为 736.74 亿元，占比仅为 1.35%，也是 12 个细分行业中唯一的主营业务收入在 1000 亿元以下的行业。占比在 10% 以上的细分行业有通用设备制造业、纺织业、专用设备制造业。12 个细分行业中主营业务收入在 10 000 亿元以上的仅有通用设备制造业。

表 7-11 2017 年长三角核心区 16 个城市中技术产业主营业务收入

行业	主营业务收入（亿元）	占比（%）
农副食品加工业	2 602.32	4.77
食品制造业	1 581.50	2.90
酒、饮料和精制茶制造业	736.74	1.35
纺织业	8 695.26	15.93
纺织服装、服饰业	4 292.99	7.87
皮革、毛皮、羽毛及其制品和制鞋业	1 127.61	2.07
家具制造业	1 420.06	2.60
化学纤维制造业	4 457.75	8.17
橡胶和塑料制品业	5 225.54	9.57

续表

行业	主营业务收入（亿元）	占比（%）
非金属矿物制品业	4 690.59	8.59
通用设备制造业	12 682.09	23.24
专用设备制造业	7 068.89	12.95
合计	54 581.33	100.00

长三角核心区16个城市中技术产业主营业务收入总体上呈现增长态势，如图7-5所示。2010年和2017年的各项数据较为接近，其中，酒、饮料和精制茶制造业，纺织业共2个细分行业2010年的主营业务收入高于2017年的主营业务收入，其余则相反。2017年通用设备制造业、纺织业、专用设备制造业、橡胶和塑料制品业、非金属矿物制品业、化学纤维制造业的主营业务收入列前六位。

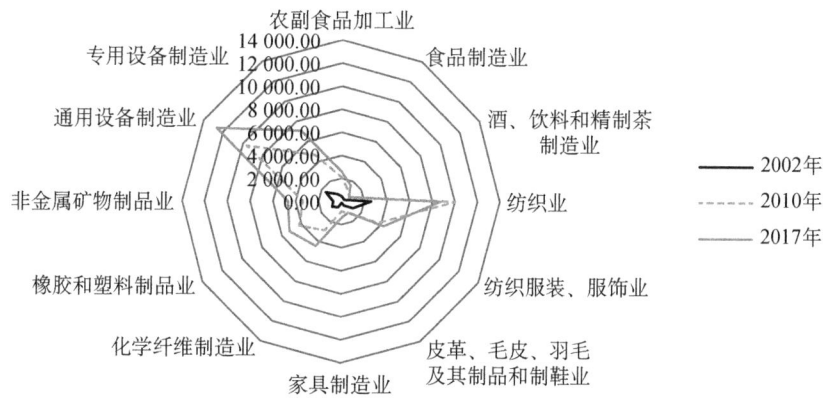

图7-5 2002年、2010年、2017年长三角核心区16个城市
中技术产业主营业务收入情况

图中数字表示中技术产业主营业务收入，单位为亿元

2017年，长三角核心区16个城市中技术产业主营业务收入的细分行业平均值为4548.44亿元。其中，通用设备制造业、纺织业、专用设备制造业、橡胶和塑料制品业、非金属矿物制品业5个细分行业位于平均水平之上，这5个细分行业主营业务收入为38 362.37亿元，占长三角中技术产业主营业务收入的70.28%，如图7-6所示。

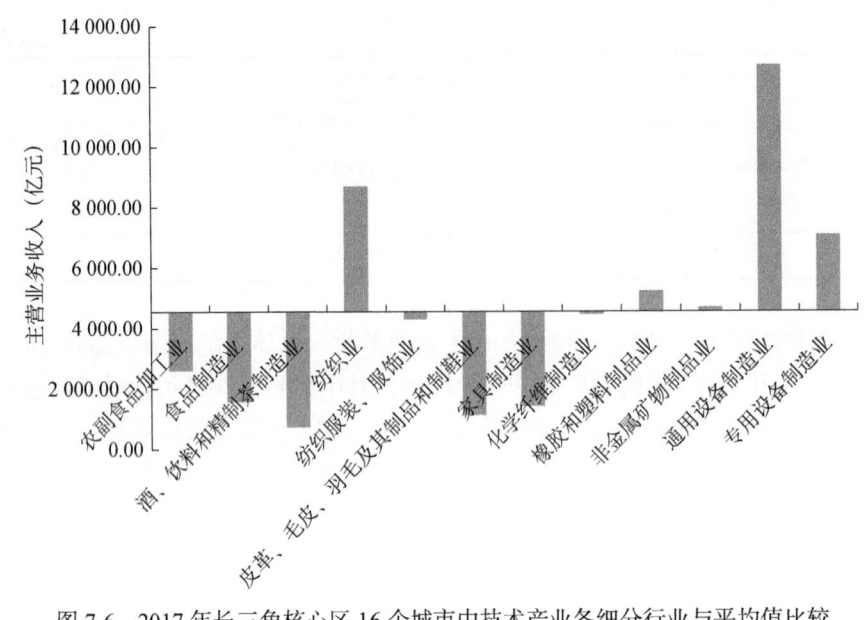

图 7-6 2017 年长三角核心区 16 个城市中技术产业各细分行业与平均值比较

表 7-12 显示 2002 年、2007 年、2010 年、2012 年、2017 年长三角核心区 16 个城市的中技术产业主营业务收入情况，但难以反映该地区中技术产业的竞争力。2002~2017 年，长三角核心区 16 个城市中技术产业主营业务收入保持较快增长态势，从 9897.13 亿元增长到 54 581.33 亿元，增长了 4.51 倍，年均增长率为 12.06%，如表 7-12 所示。其中，家具制造业增速最高，为 11.08 倍，年均增长率达到了 18.07%，专用设备制造业和通用设备制造业增长倍数也超过了 7 倍；酒、饮料和精制茶制造业增长倍数最低，为 1.76 倍。

表 7-12 长三角核心区 16 个城市中技术产业主营业务收入及增长

（单位：亿元）

行业	2002 年（亿元）	2017 年（亿元）	2017 年比 2002 年增长倍数（倍）	2002~2017 年年均增长率（%）
农副食品加工业	454.06	2 602.32	4.73	12.34
食品制造业	312.10	1 581.50	4.07	11.43
酒、饮料和精制茶制造业	267.41	736.74	1.76	6.99
纺织业	2 612.09	8 695.26	2.33	8.35
纺织服装、服饰业	1 176.90	4 292.99	2.65	9.01
皮革、毛皮、羽毛及其制品和制鞋业	403.54	1 127.61	1.79	7.09

续表

行业	2002年（亿元）	2017年（亿元）	2017年比2002年增长倍数（倍）	2002~2017年年均增长率（%）
家具制造业	117.57	1 420.06	11.08	18.07
化学纤维制造业	579.60	4 457.75	6.69	14.57
橡胶和塑料制品业	935.41	5 225.54	4.59	12.15
非金属矿物制品业	721.57	4 690.59	5.50	13.29
通用设备制造业	1 582.23	12 682.09	7.02	14.88
专用设备制造业	734.64	7 068.89	8.62	16.29
合计	9 897.13	54 581.33	4.51	12.06

表7-13显示2002年、2007年、2010年、2012年、2017年长三角核心区16个城市的中技术产业主营业务收入情况，但难以反映该地区中技术产业的竞争力。可以通过在工业的占比来反映长三角中技术产业的竞争力。如表7-14所示，2002~2017年，长三角核心区16个城市中技术产业主营业务收入稳步增长，而其占工业企业比重则呈现下降趋势，2017年中技术产业主营业务收入占比相较于2002年下降了10.15个百分点。

表7-13　主要年份长三角核心区16个城市中技术产业主营业务收入

（单位：亿元）

行业	2002年	2007年	2010年	2012年	2017年
农副食品加工业	454.06	1 346.79	2 124.35	2 720.50	2 602.32
食品制造业	312.10	680.54	1 098.18	1 547.29	1 581.50
酒、饮料和精制茶制造业	267.41	592.04	756.01	707.05	736.74
纺织业	2 612.09	7 163.00	10 044.22	9 365.17	8 695.26
纺织服装、服饰业	1 176.90	2 742.47	3 697.02	4 936.13	4 292.99
皮革、毛皮、羽毛及其制品和制鞋业	403.54	726.68	1 114.26	1 333.56	1 127.61
家具制造业	117.57	607.60	871.59	956.83	1 420.06
化学纤维制造业	579.60	2 533.57	2 895.24	4 666.25	4 457.75
橡胶和塑料制品业	935.41	3 077.16	4 234.40	4 899.53	5 225.54
非金属矿物制品业	721.57	2 018.70	3 379.97	5 830.77	4 690.59
通用设备制造业	1 582.23	6 424.81	9 620.75	10 287.91	12 682.09
专用设备制造业	734.64	2 497.49	4 664.83	5 674.21	7 068.89
合计	9 897.13	30 410.84	44 500.83	52 925.20	54 581.33

表 7-14　主要年份长三角核心区 16 个城市中技术产业主营业务收入及占工业企业比重

年份	中技术产业（亿元）	工业企业（亿元）	中技术产业占工业企业比重（%）
2002	9 897.13	26 922.18	36.76
2007	30 410.84	96 769.08	31.43
2010	44 500.83	147 074.42	30.26
2012	52 925.20	173 483.45	30.51
2017	54 581.33	205 092.39	26.61

7.3.2　利润

2017 年长三角核心区 16 个城市中技术产业利润为 3938.67 亿元，如表 7-15 所示。其中，通用设备制造业为 1116.14 亿元，占比为 28.34%，在 12 个细分行业中位列第一；皮革、毛皮、羽毛及其制品和制鞋业的利润最少，为 45.19 亿元，占比仅为 1.15%，也是 12 个细分行业中唯一的利润在 50 亿元以下的行业。占比在 10%以上的细分行业有通用设备制造业、专用设备制造业、纺织业。12 个细分行业中利润在 1000 亿元以上的仅有通用设备制造业。

表 7-15　2017 年长三角核心区 16 个城市中技术产业利润

行业	利润（亿元）	占比（%）
农副食品加工业	128.22	3.25
食品制造业	148.29	3.77
酒、饮料和精制茶制造业	66.17	1.68
纺织业	426.42	10.83
纺织服装、服饰业	223.01	5.66
皮革、毛皮、羽毛及其制品和制鞋业	45.19	1.15
家具制造业	88.11	2.24
化学纤维制造业	286.91	7.28
橡胶和塑料制品业	385.15	9.78
非金属矿物制品业	343.46	8.72
通用设备制造业	1116.14	28.34
专用设备制造业	681.61	17.31
合计	3938.67	100.00

7 细分产业

长三角核心区 16 个城市中技术产业利润总体上呈现增长态势，如图 7-7 所示。2010 年和 2017 年的各项数据较为接近，其中纺织业，纺织服装、服饰业，皮革、毛皮、羽毛及其制品和制鞋业共 3 个细分行业 2010 年的利润高于 2017 年，其余则相反。2017 年通用设备制造业、专用设备制造业、纺织业、橡胶和塑料制品业、非金属矿物制品业、化学纤维制造业的利润列前六位。

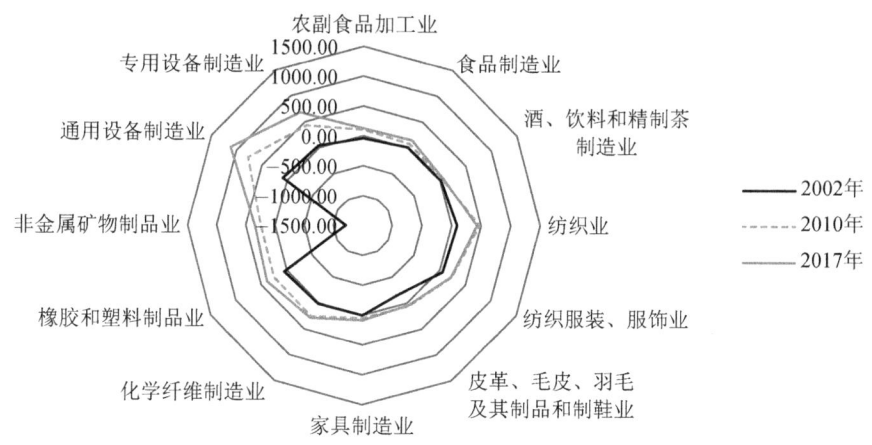

图 7-7　2002 年、2010 年、2017 年长三角核心区 16 个城市中技术产业利润情况

图中数字表示中技术产业利润，单位为亿元

2017 年，长三角核心区 16 个城市中技术产业利润的细分行业平均值为 328.22 亿元。其中，通用设备制造业、专用设备制造业、纺织业、橡胶和塑料制品业、非金属矿物制品业 5 个细分行业位于平均水平之上，这 5 个细分行业工业利润为 2952.78 亿元，占长三角中技术产业利润的 75.10%，如图 7-8 所示。

2007~2017 年，长三角核心区 16 个城市中技术产业利润保持较快增长态势，从 1606.86 亿元增长到 3938.67 亿元，增长了 1.45 倍，年均增长率为 9.38%，如表 7-16 所示。其中食品制造业增速最高，为 2.80 倍，年均增长率达到了 14.30%，专用设备制造业、家具制造业、非金属矿物制品业增长也超过 2 倍；皮革、毛皮、羽毛及其制品和制鞋业增长倍数最低，为 0.16 倍。

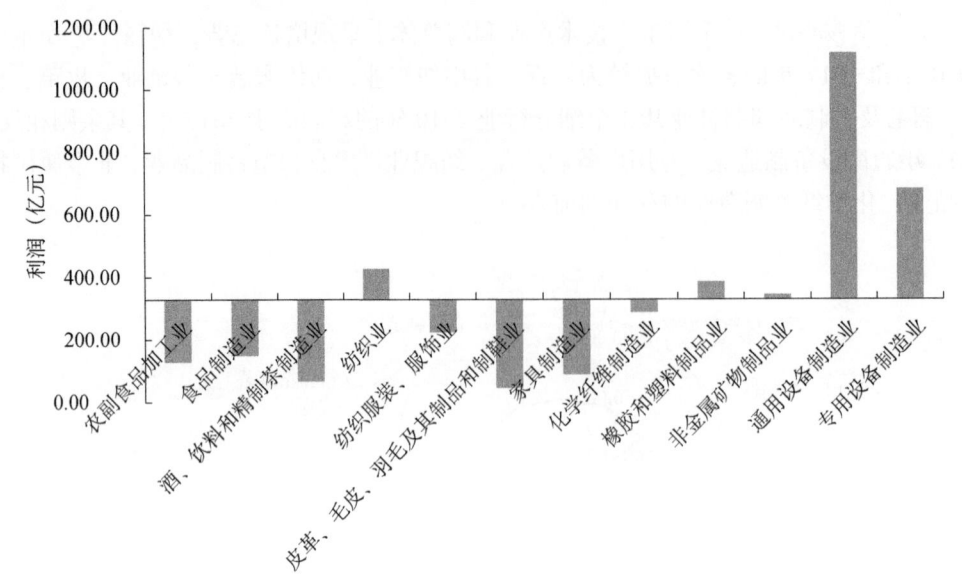

图 7-8　2017 年长三角核心区 16 个城市中技术产业各细分行业与平均值比较

表 7-16　长三角核心区 16 个城市中技术产业利润及增长

行业	2007 年（亿元）	2017 年（亿元）	2017 年比 2007 年增长倍数（倍）	2007~2017 年年均增长率（%）
农副食品加工业	53.97	128.22	1.38	9.04
食品制造业	38.97	148.29	2.80	14.30
酒、饮料和精制茶制造业	35.53	66.17	0.86	6.42
纺织业	256.57	426.42	0.66	5.21
纺织服装、服饰业	139.24	223.01	0.60	4.82
皮革、毛皮、羽毛及其制品和制鞋业	39.11	45.19	0.16	1.46
家具制造业	26.31	88.11	2.35	12.85
化学纤维制造业	98.88	286.91	1.90	11.24
橡胶和塑料制品业	148.16	385.15	1.60	10.02
非金属矿物制品业	106.26	343.46	2.23	12.45
通用设备制造业	465.59	1116.14	1.40	9.14
专用设备制造业	198.26	681.61	2.44	13.14
中技术产业	1606.86	3938.67	1.45	9.38

注：2002 年多个细分产业利润为负值，故此处用 2007 年

7 细分产业

表 7-17 显示 2002 年、2007 年、2010 年、2012 年、2017 年长三角核心区 16 个城市的中技术产业利润情况，但难以反映该地区中技术产业的竞争力。可以通过在工业的占比来反映长三角中技术产业的竞争力。如表 7-18 所示，长三角核心区 16 个城市中技术产业利润在 2002 年之后稳步增长，值得注意的是 2002 年中技术产业利润由于非金属矿物制品业的亏损而为负数；而其占工业企业比重则呈现下降趋势，2017 年中技术产业利润占比相较于 2007 年下降了 4.36 个百分点。

表 7-17　主要年份长三角核心区 16 个城市中技术产业利润　（单位：亿元）

行业	2002 年	2007 年	2010 年	2012 年	2017 年
农副食品加工业	−41.03	53.97	102.05	137.48	128.22
食品制造业	10.64	38.97	77.59	111.95	148.29
酒、饮料和精制茶制造业	16.93	35.53	46.44	37.56	66.17
纺织业	91.11	256.57	472.21	423.50	426.42
纺织服装、服饰业	57.64	139.24	232.11	301.31	223.01
皮革、毛皮、羽毛及其制品和制鞋业	−193.13	39.11	58.63	55.10	45.19
家具制造业	4.31	26.31	53.04	54.37	88.11
化学纤维制造业	13.86	98.88	256.82	144.10	286.91
橡胶和塑料制品业	52.66	148.16	249.57	234.92	385.15
非金属矿物制品业	−1211.27	106.26	244.09	228.07	343.46
通用设备制造业	89.07	465.59	771.88	712.36	1116.14
专用设备制造业	39.31	198.26	431.42	419.56	681.61
合计	−1069.90	1606.86	2995.85	2860.29	3938.67

表 7-18　主要年份长三角核心区 16 个城市中技术产业利润及占工业企业比重

年份	中技术产业（亿元）	工业企业（亿元）	中技术产业占工业企业比重（%）
2002	−1 069.90	1 533.20	—
2007	1 606.86	5 179.60	31.02
2010	2 995.85	9 688.40	30.92
2012	2 860.29	9 905.30	28.88
2017	3 938.67	14 772.30	26.66

7.4 低技术产业

7.4.1 主营业务收入

2017年长三角核心区16个城市低技术产业主营业务收入为34 184.21亿元，如表7-19所示。其中，黑色金属冶炼和压延加工业为10 837.26亿元，占比为31.70%，在8个细分行业中位列第一，也是唯一的主营业务收入在10 000亿元以上的细分行业；木材加工和木、竹、藤、棕、草制品业的主营业务收入最少，为868.74亿元，占比为2.54%，也是唯一的主营业务收入在1000亿元以下的细分行业。占比在10%以上的细分行业还有金属制品业、有色金属冶炼和压延加工业、石油加工炼焦和核燃料加工业，占比分别为19.55%、15.65%和11.60%。

表7-19 2017年长三角核心区16个城市低技术产业主营业务收入

行业	主营业务收入（亿元）	占比（%）
木材加工和木、竹、藤、棕、草制品业	868.74	2.54
造纸和纸制品业	2 600.41	7.61
印刷和记录媒介复制业	1 041.66	3.05
文教、工美、体育和娱乐用品制造业	2 837.71	8.30
石油加工、炼焦和核燃料加工业	3 966.56	11.60
黑色金属冶炼和压延加工业	10 837.26	31.70
有色金属冶炼和压延加工业	5 348.23	15.65
金属制品业	6 683.65	19.55
合计	34 184.21	100.00

长三角核心区16个城市低技术产业主营业务收入总体上呈现增长态势，如图7-9所示。

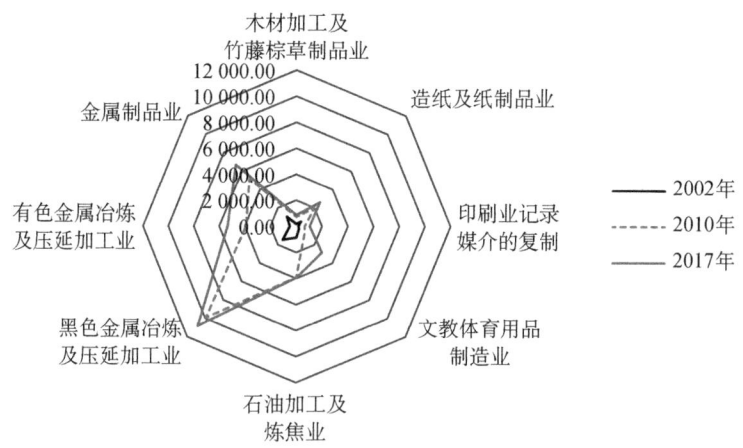

图 7-9 2002 年、2010 年、2017 年长三角核心区 16 个城市低技术产业主营业务收入情况

图中数字表示低技术产业主营业务收入，单位为亿元

2017 年，长三角核心区 16 个城市低技术产业主营业务收入的细分行业平均值为 4273.03 亿元。其中，黑色金属冶炼和压延加工业、金属制品业、有色金属冶炼和压延加工业 3 个细分行业位于平均水平之上，这 3 个细分行业工业主营业务收入为 22 869.14 亿元，占低技术产业 8 个细分行业的 66.90%，如图 7-10 所示。

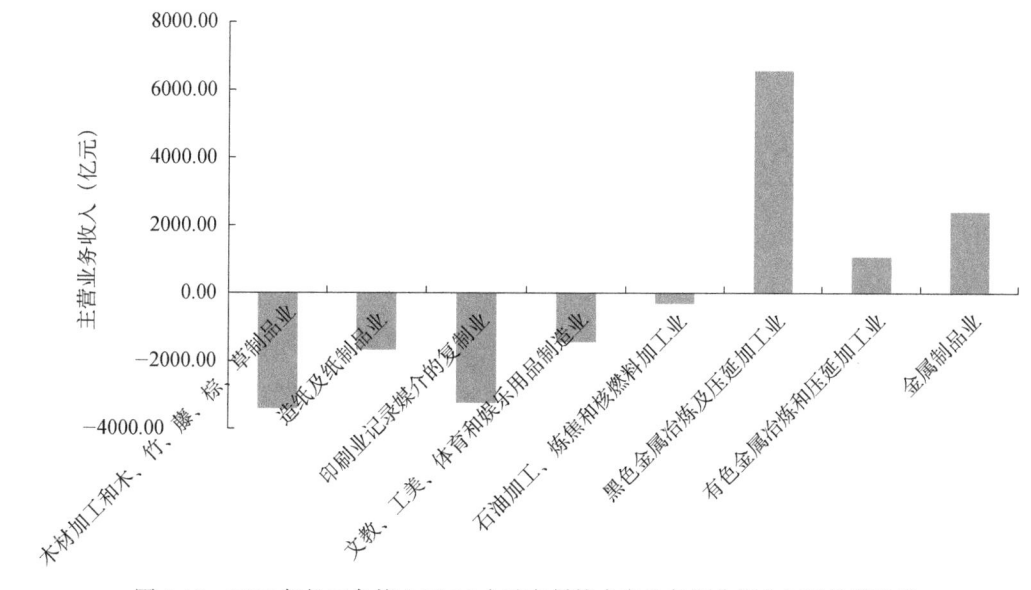

图 7-10 2017 年长三角核心区 16 个城市低技术产业各细分行业与平均值比较

2002~2017 年，长三角核心区 16 个城市低技术产业主营业务收入保持快速增长态势，从 4985.22 亿元增长到 34 184.21 亿元，增长了 5.86 倍，年均增长率为 13.70%，如表 7-20 所示。其中，有色金属冶炼和压延加工业主营业务收入增长最快，增长 9.81 倍；其次是文教、工美、体育和娱乐用品制造业、黑色金属冶炼和压延加工业，分别增长 8.61 倍和 6.40 倍。

表 7-20　长三角核心区 16 个城市低技术产业主营业务收入及增长

(单位：亿元)

行业	2002 年（亿元）	2017 年（亿元）	2017 年比 2002 年增长倍数（倍）	2002~2017 年年均增长率（%）
木材加工和木、竹、藤、棕、草制品业	172.98	868.74	4.02	11.36
造纸和纸制品业	498.55	2 600.41	4.22	11.64
印刷和记录媒介复制业	167.81	1 041.66	5.21	12.94
文教、工美、体育和娱乐用品制造业	295.20	2 837.71	8.61	16.28
石油加工、炼焦和核燃料加工业	867.55	3 966.56	3.57	10.66
黑色金属冶炼和压延加工业	1 464.43	10 837.26	6.40	14.27
有色金属冶炼和压延加工业	494.73	5 348.23	9.81	17.20
金属制品业	1 023.97	6 683.65	5.53	13.32
低技术产业	4 985.22	34 184.21	5.86	13.70

表 7-21 显示 2002 年、2007 年、2010 年、2012 年、2017 年长三角核心区 16 个城市的低技术产业主营业务收入情况，但难以反映该地区低技术产业的竞争力。2002 年、2007 年、2010 年、2012 年、2017 年长三角核心区 16 个城市低技术产业主营业务收入占工业企业比重情况，如表 7-22 所示，可以看出低技术产业比重仅在 2002~2007 年有所上升，由 18.52% 上升至 20.39%，但 2007~2017 年显示波动下降，至 2017 年比重回落至 16.67%。

表 7-21　主要年份长三角核心区 16 个城市低技术产业主营业务收入

(单位：亿元)

行业	2002 年	2007 年	2010 年	2012 年	2017 年
木材加工及竹藤棕草制品业	172.98	507.60	724.97	757.03	868.74
造纸及纸制品业	498.55	1 321.90	1 976.51	2 220.68	2 600.41
印刷业记录媒介的复制	167.81	425.33	647.73	783.01	1 041.66
文教体育用品制造业	295.20	668.30	888.95	2 012.18	2 837.71

续表

行业	2002 年	2007 年	2010 年	2012 年	2017 年
石油加工及炼焦业	867.55	2 690.34	3 933.03	4 767.31	3 966.56
黑色金属冶炼及压延加工业	1 464.43	7 388.23	9 915.78	11 305.86	10 837.26
有色金属冶炼及压延加工业	494.73	3 104.08	3 914.67	4 494.34	5 348.23
金属制品业	1 023.97	3 622.91	5 164.06	6 499.92	6 683.65
合计	4 985.22	19 728.68	27 165.70	32 840.31	34 184.21

表 7-22　主要年份长三角核心区 16 个城市低技术产业主营业务收入及占工业企业比重

年份	低技术产业（亿元）	工业企业（亿元）	低技术产业占工业企业比重（%）
2002	4 985.22	26 922.18	18.52
2007	19 728.68	96 769.08	20.39
2010	27 165.70	147 074.40	18.47
2012	32 840.31	173 483.50	18.93
2017	34 184.21	205 092.40	16.67

7.4.2　利润

2017 年长三角核心区 16 个城市低技术产业利润为 2125.53 亿元，如表 7-23 所示。其中，黑色金属冶炼和压延加工业为 641.23 亿元，占比为 30.17%，在 8 个细分行业中位列第一；木材加工和木、竹、藤、棕、草制品业的利润最少，为 37.78 亿元，占比仅为 1.78%。8 个细分行业中占比在 15% 以上的分别是黑色金属冶炼和压延加工业、金属制品业、石油加工、炼焦和核燃料加工业，分别占比 30.17%、20.44%、19.08%。

表 7-23　2017 年长三角核心区 16 个城市低技术产业利润

行业	利润（亿元）	占比（%）
木材加工和木、竹、藤、棕、草制品业	37.78	1.78
造纸和纸制品业	162.69	7.65
印刷和记录媒介复制业	71.02	3.34
文教、工美、体育和娱乐用品制造业	176.25	8.29
石油加工、炼焦和核燃料加工业	405.53	19.08
黑色金属冶炼和压延加工业	641.23	30.17
有色金属冶炼和压延加工业	196.55	9.25
金属制品业	434.47	20.44
合计	2125.53	100.00

长三角核心区 16 个城市低技术产业利润总体上呈现增长态势，如图 7-11 所示。

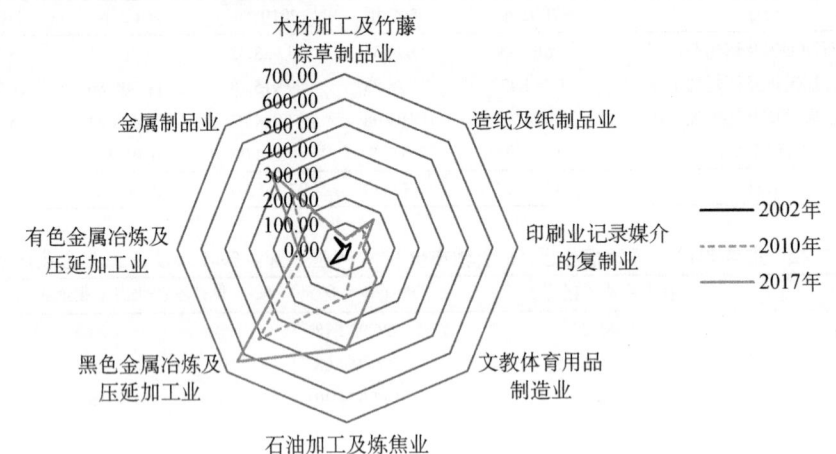

图 7-11　2002 年、2010 年、2017 年长三角核心区 16 个城市低技术产业利润情况

图中数字表示低技术产业利润，单位为亿元

2017 年，长三角核心区 16 个城市低技术产业利润的细分行业平均值为 265.69 亿元。其中，黑色金属冶炼和压延加工业、金属制品业、石油加工、炼焦和核燃料加工业 3 个细分行业位于平均水平之上，这 3 个细分行业工业利润为 1481.24 亿元，占长三角 6 个细分行业的 69.69%，如图 7-12 所示。

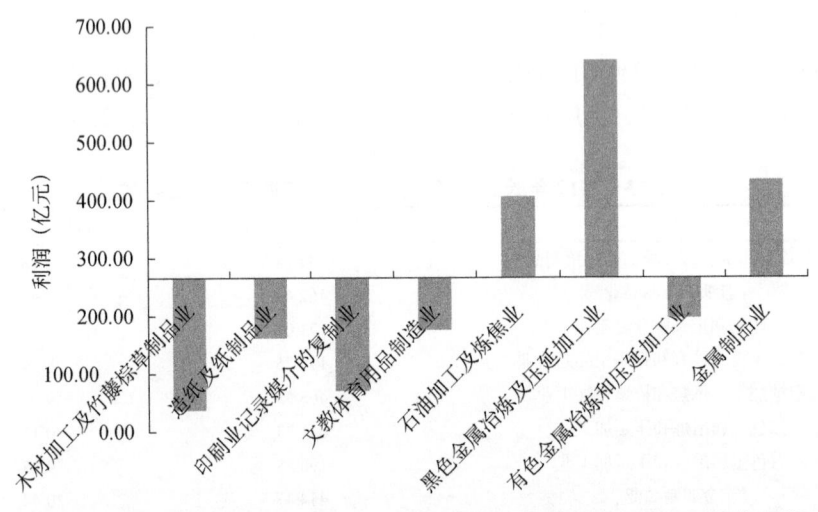

图 7-12　2017 年长三角核心区 16 个城市低技术产业各细分行业与平均值比较

2002~2017 年，长三角核心区 16 个城市低技术产业利润保持快速增长态势，从 264.03 亿元增长到 2125.53 亿元，增长了 7.05 倍，年均增长率为 14.92%，如表 7-24 所示。其中，有色金属冶炼和压延加工业增长速度最快，增长 15.30 倍；其次是文教、工美、体育和娱乐用品制造业，石油加工、炼焦和核燃料加工业，分别增长 11.19 倍、8.92 倍。

表 7-24 长三角核心区 16 个城市低技术产业利润　　（单位：亿元）

行业	2002 年（亿元）	2017 年（亿元）	2017 年比 2002 年增长倍数（倍）	2002~2017 年年均增长率（%）
木材加工和木、竹、藤、棕、草制品业	5.71	37.78	5.62	13.43
造纸和纸制品业	26.58	162.69	5.12	12.84
印刷和记录媒介复制业	17.49	71.02	3.06	9.79
文教、工美、体育和娱乐用品制造业	14.46	176.25	11.19	18.14
石油加工、炼焦和核燃料加工业	40.87	405.53	8.92	16.53
黑色金属冶炼和压延加工业	86.57	641.23	6.41	14.28
有色金属冶炼和压延加工业	12.06	196.55	15.30	20.45
金属制品业	60.30	434.47	6.21	14.07
合计	264.03	2125.53	7.05	14.92

表 7-25 显示 2002 年、2007 年、2010 年、2012 年、2017 年长三角核心区 16 个城市的低技术产业利润情况，但难以反映该地区低技术产业的竞争力。可以通过在工业的占比来反映长三角工业的竞争力，更全面地展示长三角低技术产业的发展效益。表 7-26 显示了 2002 年、2007 年、2010 年、2012 年、2017 年共 5 年的长三角核心区 16 个城市低技术产业利润占工业企业比重情况，可以看出技术产业比重呈现波动下降的趋势，从 2002 年的 17.22% 降至 2017 年的 14.39%。

表 7-25 主要年份长三角核心区 16 个城市低技术产业利润　　（单位：亿元）

行业	2002 年	2007 年	2010 年	2012 年	2017 年
木材加工和木、竹、藤、棕、草制品业	5.71	23.66	34.51	34.66	37.78
造纸和纸制品业	26.58	70.93	130.31	107.75	162.69
印刷和记录媒介复制业	17.49	53.16	55.05	59.00	71.02
文教、工美、体育和娱乐用品制造业	14.46	30.60	48.11	100.62	176.25
石油加工、炼焦和核燃料加工业	40.87	90.14	197.18	38.07	405.53
黑色金属冶炼和压延加工业	86.57	466.05	514.35	364.86	641.23

续表

行业	2002年	2007年	2010年	2012年	2017年
有色金属冶炼和压延加工业	12.06	77.50	159.05	168.43	196.55
金属制品业	60.30	173.96	319.19	377.03	434.47
合计	264.03	986.00	1457.74	1250.44	2125.53

表7-26 主要年份长三角核心区16个城市低技术产业利润及占工业企业比重

年份	低技术产业（亿元）	工业（亿元）	低技术产业占工业企业比重（%）
2002	264.03	1 533.27	17.22
2007	986.00	5 179.54	19.04
2010	1 457.74	9 688.40	15.05
2012	1 250.44	9 905.34	12.62
2017	2 125.53	14 772.28	14.39